O LÍDER INTEGRAL

Autora: Waleska Farias
Produção e Coordenação Editorial: @oficio_das_palavras
Projeto Gráfico e Diagramação: @marianafazzeri

Dados Internacionais de Catalogação na Publicação (CIP)
(eDOC BRASIL, Belo Horizonte / MG)

Farias, Waleska.
F224l
O líder integral: porque o bom ser humano precede o bom líder /
Waleska Farias. — São José dos Campos (SP): Ofício das Palavras, 2023.
255 p.: 16 x 23 cm
ISBN 978-85-60728-85-5
1. Empreendedorismo. 2. Sucesso nos negócios. 3. Liderança. I. Título.
CDD 658.4

WALESKA FARIAS

www.oficiodaspalavras.com.br

SUMÁRIO

AGRADECIMENTOS

Toda realização nasce de um sonho que deseja acontecer. *O Líder Integral* nasce do sonho de fazer a diferença na vida das pessoas, ajudando a criar as condições ideais para que equilibrem vida e trabalho, e vivam integralmente a sua definição de sucesso, tornando os negócios prósperos e sadios e o mundo um lugar melhor para se viver.

Agradeço à minha família, em especial a minha mãe, Marta, por ser minha primeira e mais significativa referência na vida. Ao meu querido filho, Lucas, que, pelo tanto que me ensina e representa em minha vida, me faz querer ser melhor para que ele também tenha um modelo a seguir. Aos amigos e parceiros queridos que me apoiaram a seguir em frente na decisão de relançar o livro e seguir impactando positivamente o mundo, os negócios e as pessoas com o propósito da Abordagem Integral.

Com cada um, de algum modo, entendi que tudo é possível para quem acredita, e que o universo não tem outra opção senão conspirar a favor quando o que desejamos realizar ressoa com o nosso ser integral e abrange o bem maior. Pelo privilégio de ter vocês como inspiração, dedico a todos a minha gratidão.

INTRODUÇÃO

Todo indivíduo tem o desejo de ser grande, íntegro e estar à altura de quem ele é. Isso é humanidade. Cabe ao líder ajudá-lo a despertar o potencial para desempenhar, integralmente, a sua capacidade. Isso é liderança integral!

De 2014 a 2024, foi-se uma década. Nesses dez anos, uma pandemia, um grande salto tecnológico e novos hábitos e comportamentos. No contexto ambiental, mudanças climáticas sem precedentes e crises no cenário econômico e político mundial. Um período marcado por grandes mudanças, algumas boas, outras não, mas certamente a oportunidade de muita transformação e aprendizado. Com o avanço da IA e o empurrão da pandemia, de acordo com as grandes consultorias, o mundo mudou mais em três anos do que nas últimas três décadas. Mudou o modelo de trabalho e as prioridades das pessoas e do negócio, pondo em xeque as estratégias de gestão e a capacidade de resposta dos líderes ao novo cenário.

O conceito *people centric*, em português, *pessoas no centro*, ganha força, exigindo cada vez mais das empresas e lideranças uma **Abordagem Integral**, que, além da busca por resultados, promova também o desenvolvimento humano sustentável, preservando as pessoas por trás do crachá. Cuidado, flexibilidade e relacionamento tornaram-se moeda de troca nos novos acordos de trabalho. As pessoas não querem mais trabalhar para, mas "com" o líder. Confiança e proximidade são valores inegociáveis, e isso exige espaço para estruturas menos hierarquizadas, relação ombro a ombro e comunicação transversal. Entretanto, enquanto algumas mudanças acontecem a passos largos, outras, associadas ao aspecto humano, acontecem lentamente, dando a impressão de que continuam iguais. Boa parte dos líderes, com mentalidade fixa, reproduzindo padrões deslocados, reféns do que não enxergam ou não querem enxergar, seguem colocando vírgulas em situações que há tempos pedem um ponto final.

"Não há muito espaço para aqueles que desejam preservar seus feudos, estreitando o Kosmos a um campo particular – a saber, o seu próprio –, enquanto ignoram as verdades de outros campos".
Ken Wilber

Nesses dez anos, desde o lançamento da primeira edição do livro em 2014, trabalhei com centenas de profissionais de diversas idades e posições, em empresas de diferentes portes e segmentos. Uma questão ainda é bastante recorrente: as limitações individuais do líder, quando não compreendidas, são creditadas na conta do outro, originando daí a raiz de grande parte dos problemas nas relações de trabalho. Estou falando da liderança de si como prerrogativa da liderança de outros.

Segundo pesquisa das Universidades norte-americanas Harvard e Stanford e da Fundação Carnegie, uma carreira de sucesso é motivada em 85% por aspectos relacionados a habilidades interpessoais. Capacitar as lideranças na abordagem integral, para que ampliem suas perspectivas (5+5=10, mas 7+3 também), amadureçam suas questões internas e fortaleçam suas habilidades interpessoais, sobretudo nesse contexto em que humanizar a gestão não é mais uma opção, mas uma estratégia de sobrevivência para os líderes e os negócios.

"Integral" significa inclusivo, completo, amplo, abrangente. No contexto humano, refere-se àquele que não é diminuído na sua totalidade, se apresenta indiviso, com todos os seus atributos e valores preservados como expressão da sua integridade. Não há mais como uma gestão ultrapassada que desconsidera o aspecto integral e fraciona as pessoas, ainda ser concebida por algumas empresas.

♥

Na Liderança Integral, o propósito maior é jogar luz em questões que, presas à cartilha da liderança tradicional, atrasam a evolução da forma de gerir pessoas e negócios.

Essa abordagem, ganha cada vez mais relevância, pois ajuda a criar negócios mais conscientes e responsivos, preserva o bem-estar do capital humano nas organizações e gera impacto social e ambiental positivo. E convoca você, líder ou pretendente ao cargo, a ampliar sua consciência, enriquecer seu repertório e exercer com convicção as suas funções. O futuro é *tech,* mas sobretudo, *touch*. É um erro achar que a inovação se limita à tecnologia. Ao contrário, a inovação é muito mais um acontecimento social do que tecnológico. As novas tecnologias mudam o modo como as coisas são feitas, mas são as inovações na estrutura social que, de fato, promovem as grandes transformações no mundo.

♥

Sob as marcas desses novos tempos, depois de uma década, *O Líder Integral* se mantém absolutamente atual e fiel ao sentido genuíno do que é liderar pessoas.

Ressonante às tendências do trabalho, com uma linguagem simples e acessível, cumpre o propósito de unificar conhecimentos e integrar o todo, reconhecendo o “Ser”, essência da Liderança Integral, como principal foco de atenção e investimento das empresas e dos líderes.

Um breve “abre aspas” sobre o que me levou ao subtítulo: “Porque o bom ser humano precede o bom líder”.

Não apenas com base em estudos e pesquisas, mas principalmente na experiência, digo que na liderança é inútil a tentativa de querer separar o inseparável: o pessoal do profissional. O líder pode ser um profissional brilhante, mas se ele não for capaz de gostar de pessoas e se conectar com elas, jamais conseguirá ser exemplo.

Quem ele é não pode ser desconectado do que ele faz. Portanto, se o sujeito é um bom líder, sim, ele é uma boa pessoa.

Quem ele é como pessoa é a essência dele, quem ele é de verdade. Ele até pode ser reconhecidamente uma excelente pessoa e ainda não ter desenvolvido as habilidades necessárias a um bom líder. Tudo bem. Isso é mais fácil de ser solucionado. Mas o contrário, não dá para mudar: não se pode transformar uma má pessoa em um bom líder, pois ser uma boa pessoa não requer habilidades que possam ser ensinadas. Depende de grandeza pessoal: integridade, generosidade, escuta interessada e empatia.

Conhecimento e experiência podem ser desenvolvidos. Caráter, há controvérsias.

Este livro tem duplo propósito:

O primeiro é abordar os conceitos práticos e subjetivos da Liderança Integral: seus benefícios, as habilidades que transformam o bom ser humano em um bom líder de pessoas e de negócios, bem como os recursos para enfrentar as dificuldades nessa posição tão ambicionada e, ao mesmo tempo, tão desafiadora. Exploraremos como este modelo esclarecido de liderança pode ajudar o líder a dar seu salto de qualidade na gestão de si mesmo, de pessoas e do negócio.

O segundo é, com base na ruptura do modelo de trabalho, mostrar a realidade do contexto atual das lideranças nas empresas como perspectiva de adequação do estilo de gestão às tendências do trabalho e da necessidade de rever o papel do líder, contemplado uma reforma íntima, para identificar o que cabe como ponto de ajuste na evolução de um perfil operacional para um mais estratégico.

O ser humano, para se expandir e manter-se ativo, implica-se ao desejo de crescer e à necessidade de viver novas experiências.

Nessa nova versão de *O Líder Integral,* você compreenderá como as dinâmicas do novo modelo de trabalho influenciaram outras prioridades na gestão de pessoas e do negócio; e como a Liderança Integral, por meio das suas três dimensões estratégicas, permanece como recurso valioso na readequação do líder ao novo contexto, no engajamento e desempenho das equipes e na melhora significativa dos resultados. Os conceitos emergentes e as diversas dicas e exemplos compartilhados aqui, guiarão você com sucesso na travessia da liderança tradicional para a Liderança Integral. Se você está realmente interessado em fazer essa travessia e elevar o padrão de sua gestão, então, este é o livro certo para você.

Aproveite a oportunidade e boa leitura!

PÓS-PANDEMIA: UM NOVO APAGÃO DE LÍDERES

CAPÍTULO I

É no mínimo curioso, para não dizer intrigante, que passados dez anos, a formação de líderes ainda se apresente como um dos grandes desafios das empresas. Muitos querem a posição, mas nem todos se qualificam.

"As revoluções são a locomotiva da história". Essa frase do Karl Max me remete ao real sentido de liderar. Ser líder e não revolucionar é um despropósito. A liderança consiste em originalidade e ousadia. Um líder integral é, por natureza, um revolucionário. Com coragem de contrariar preconceitos e inovar padrões sociais e culturais, confronta tudo aquilo que ameaça o bem maior e contraria o propósito evolutivo. Não se nega a fazer uma revolução por algo que, verdadeiramente, faça a diferença e gere impacto. Com isso, acaba, naturalmente, inspirando e mobilizando os outros pelo exemplo.

Em 5 de maio de 2023, a Organização Mundial da Saúde (OMS) declarou, em Genebra, na Suíça, o fim da Emergência de Saúde Pública de Importância Internacional (ESPII) referente a COVID-19. Contudo, o impacto da pandemia deixou marcas no corpo, na mente e na alma das pessoas, provocando sentimentos de angústia e apreensão. Os líderes, mais do que nunca, precisariam estar preparados para quebrar regras e buscar novos recursos para acolher as questões dos seus colaboradores, compreendendo que frente à angústia humana é preciso ser humano. **A revolução se dá por uma escolha pessoal.** No entanto, justamente quando a humanidade na gestão se fez mais necessária, faltaram líderes aptos a assumir a responsabilidade de cuidar dos seus. Supondo que é justamente quando as pessoas estão mais necessitadas, que elas precisam de alguém que puxe a fila para fora dos limites da linha; onde estavam os líderes revolucionários, dotados de empatia e espírito colaborativo, capazes de acolher o humano por trás do crachá?

Overview

Na edição anterior compartilhei um estudo de 2013 feito pela Hunter Consulting Group, mostrando que as características que os executivos mais desejavam para os seus líderes não eram as mais encontradas. O perfil dos profissionais que atuavam em cargos de liderança em empresas no Brasil estava bem longe do idealizado por eles mesmos. Na época, a competência dos líderes citada como mais desejada pelos executivos foi **a capacidade de desenvolver pessoas** (88%), no entanto, apenas 31% deles disseram que seus líderes possuíam esta habilidade. Entre as competências exigidas, a primeira que se destacava era o **foco em resultados.** Em segundo lugar vinha a **gestão de pessoas**, seguida pela **orientação estratégica** e pelo **bom relacionamento interpessoal.** Por fim, foram citados o comprometimento, a confiança e a flexibilidade como competências necessárias.

Em relação às diferenças entre os perfis ideais e os reais, uma habilidade que chamava atenção era a capacidade de inspirar. A **liderança inspiradora** foi a característica mais citada entre as ideais, com 79% dos votos, mas entre as encontradas atualmente, aparece em penúltimo lugar, com apenas 15%. Na visão da consultoria, esse era um dado preocupante porque indicava que as empresas estavam indo na contramão do que era tendência no trabalho.

A inspiração na liderança estimula comportamentos que fortalecem o negócio, como por exemplo: inovação, criatividade, engajamento e empreendedorismo.

Ainda de acordo com a pesquisa, foi levantado que 62% dos executivos entrevistados esperavam que os líderes fossem justos. Contudo, na prática, apenas 28% achavam que a liderança de suas empresas era justa. Repare que todas as habilidades em baixa estão associadas às habilidades interpessoais *(soft skills)*.

Dez anos depois o professor e consultor Bethel E. Thomas, autor de *Reinventing Leadership* (Reinventando a Liderança), com quatro décadas de pesquisas na área, concluiu que "os modelos tradicionais de liderança estão quebrados e representam uma ameaça às empresas, às comunidades e ao país." Bethel, no seu livro argumenta que "os modelos tradicionais de gestão são inadequados e pouco inspiradores, e boas práticas de liderança não são ensinadas aos novos líderes como deveria, enquanto líderes tóxicos tratam como normais comportamentos antiéticos, destrutivos e desumanos". **Moral da história:** os líderes continuam insistindo em reproduzir um estilo de gestão ultrapassado, tóxico, completamente dissonante ao perfil das novas lideranças.

Enquanto um líder inspirador é capaz de alçar a equipe a voos mais altos, um líder tóxico pode devastá-la. Líderes com esse perfil priorizam seus próprios interesses e dão pouca atenção às necessidades das pessoas. Além da falta de apoio e do descaso com o bem-estar da equipe, praticam o abuso de autoridade e o favoritismo. E a lista segue, mostrando o desequilíbrio de quem não deveria, mas, conseguiu chegar à posição de liderança e, de posse do título, se acha no direito de constranger e ameaçar as pessoas com assédio moral, microgestão, medo e coação, mesmo sendo o abuso de autoridade, um crime passivo de punição. Uma declaração do Exército dos Estados Unidos define bem o que é a liderança tóxica: "A liderança tóxica é uma combinação de atitudes, motivações e comportamentos egocêntricos que têm efeitos adversos nas pessoas e na organização. Líderes tóxicos se acham superiores e adotam comportamentos disfuncionais para enganar, intimidar, coagir ou punir injustamente as pessoas para alcançar o que querem." Pergunto: alguém em mente?

Escuta de mentoria:

"Ele se garantia por ter muito conhecimento da área e estar há vários anos na empresa, mas ética e inteligência emocional zero." Era assim que o profissional do departamento jurídico da empresa, em processo de transição, descrevia o líder com quem trabalhava. E continuou: *"Perdi as contas de quantas vezes ele alterou a voz e me criticou na frente da minha equipe. Sem contar uma vez em que, sem comentar nada comigo, foi à minha sala, humilhou e ameaçou demitir um colaborador meu. Era bizarro. Eu ficava completamente desorientado, exposto, sem saber como agir com a equipe. Sem dúvida, foi uma das piores fases da minha carreira."*

Líderes nascem tóxicos ou tornam-se tóxicos?

Talvez esse líder não fosse perverso antes de alcançar o poder. Tem um provérbio que diz: "Quer conhecer uma pessoa? Dê poder a ela". A experiência mostra que o poder deflagra a essência. No livro *O Efeito Lúcifer: Entendendo como boas pessoas se tornam diabólicas,* o psicólogo americano Philip Zimbardo, com base na psicologia social, estudou o aspecto situacional do comportamento humano em que pessoas consideradas boas, em posições de autoridade são capazes de cometer crueldades. Mas na Liderança Integral, os fins não justificam os meios e "o bom ser humano precede o bom líder".

Antes de pretender liderar pessoas, o líder deve ser capaz de fazer seus conteúdos para não reproduzir nos outros o que em si mesmo não consegue controlar.

Quando a conduta do líder apresenta "desvios", é preciso que a empresa rapidamente intervenha, antes que provoque danos mais sérios às pessoas e intoxique a rotina de trabalho.

A crise na liderança, associada à conduta do líder, não é um fato novo. As empresas já vivenciam esse tipo de problemas há bastante tempo. Mas os desdobramentos provocados pela pandemia e pelas mudanças tecnológicas, reforçaram a necessidade de transformar comportamentos ultrapassados, herança da liderança tradicional, e requalificar o papel dos líderes, capacitando-os a criar novos acordos que considerem as prioridades das pessoas no contexto atual.

♥

À visão de uma nova liderança, o que importa para as pessoas é importante para o negócio.

São as pessoas que fazem a mágica acontecer. Se você tem dúvidas, experimente exclui-las do seu plano de negócio. Como profetizou Tom Peters, guru de administração de empresas e coautor de "Em Busca da Excelência": "Uma boa estratégia é uma ótima ideia, mas sem pessoas para executá-la é quase uma piada".

Segundo Peters, 98% do sucesso de um negócio consiste no processo de execução, mas 99% da execução dependem diretamente da intervenção das pessoas. A prioridade número um, portanto, são as pessoas. Mesmo com toda a influência da tecnologia e da inovação, é o capital humano que faz a roda girar. Por trás de empresas de sucesso existem profissionais competentes e engajados que respondem pelo resultado do negócio.

A prática de quatro premissas da Liderança Integral ajuda o líder a ter êxito na gestão de pessoas e no negócio:

- Ter interesse genuíno pelas pessoas;
- Estar disponível para ensinar e aprender com as trocas interpessoais;
- Compreender que cada pessoa entende e age de acordo com suas crenças e preferências, mas todas, sem exceção, têm potencial de agregar valor;
- Construir relações de confiança com a equipe.

Com a inspiração certa, cada um sabe ser o melhor de si!

O comprometimento com as pessoas contempla o respeito à individualidade delas. Uma mesma mensagem não chega a todos de uma mesma forma nem garante o mesmo nível de entendimento. O líder precisa gerar proximidade e conhecer individualmente seus colaboradores para conseguir estreitar vínculo com eles e obter sua parceria e colaboração. Portanto, saber sobre as preferências das pessoas, além de honesto, é estratégico e deve estar no topo da lista de prioridades do líder.

Registre: o que é importante para o colaborador é o seu caminho de inspiração.

Na Abordagem Integral, entende-se que pessoas distintas requerem estímulos diferentes. Contudo, muitos líderes ainda consideram apenas um estilo único de liderança para todas as pessoas, sem levar em conta que ocasiões e estágios de desenvolvimento distintos pedem estilos diferentes de gestão. Quando o profissional é desafiado de acordo com sua capacidade e reconhecido pelo valor que a sua contribuição agrega ao negócio, ele se sente parte importante do grupo e, motivado, naturalmente se engaja. O resultado? Sua produtividade alavanca, a probabilidade de atingir suas metas aumenta, e ele entregará resultados acima do esperado. Isso mostra que o que as pessoas, de fato, precisam é de líderes conscientes capazes de enxergá-las e respeitá-las no modo como são e com a capacidade que têm. Essa é a essência do "Líder Integral".

Dica importante:

Comece observando seus colaboradores para identificar o que eles têm de melhor. Depois, ouça-os com toda sua atenção - ouça para entender, não apenas para responder. Perceba o que importa para cada um deles. O que eles esperam da empresa? Da sua liderança? Munido dessas informações valiosas, você conseguirá inspirá-los com a abordagem certa. Acreditando que o que eles fazem faz a diferença e que você, líder, tem interesse genuíno por eles, conseguirão desempenhar à altura do que são. Essa é a medida!

O sentido de ser produtivo mudou. O líder deve ser justo, honrar o combinado e respeitar o limite das pessoas.

Esquecer de si e trabalhar em excesso, algum dia já foi sinônimo de dedicação. Mesmo sem incentivo oficial, o profissional que era o último a sair e se encarregava de solucionar os problemas recebia como bônus o ambicionado "tapinha nas costas". Mas, hoje, mesmo com alguns "chefes dinossauros" tentando remar contra, a realidade é outra. Foi-se o tempo que o profissional "vestia a camisa" da empresa, ficava horas além do seu horário de trabalho, ao ponto de nada mais importar. Esforço e dedicação contribuem para o sucesso da carreira, mas em excesso, sobretudo nas novas gerações, isso não é visto com bons olhos. Enxergar limites para o envolvimento com as demandas de trabalho é fundamental, e aqueles que exageram na dose são os mais expostos à síndrome de burnout e aos transtornos mentais. "Workaholics" são classificado como viciados em trabalho e estão fora do escopo dos profissionais do futuro. Atualmente, os novos acordos priorizam o ganha-ganha. O colaborador até pode vestir a camisa da empresa, desde que esteja claro que ele também vestirá o seu pijama. Cabe ao líder o entendimento de que essa é uma prática saudável e não interpreta-la como algo negativo na avaliação do profissional.

Quando o colaborador se sente reconhecido e apoiado, fortalece a conexão com o líder e faz mais do que é esperado dele. O contrário também é verdadeiro.

Escuta de mentoria:

Certa vez, uma líder responsável pela área comercial de uma multinacional, comentou que ficava na empresa depois do seu horário de trabalho para dar o exemplo. *"Bater as metas dependem do esforço de prospecção. Precisamos ficar até mais tarde para ligar e conseguir falar com os clientes. Depois que eles encerram o dia de trabalho, atendem-nos com mais calma, argumentamos melhor e aumentamos nossas chances de fechar negócio. Meta batida é a nossa prioridade. Dependemos disso para permanecer na empresa"*, dizia ela.

Quem conhece a rotina de quem trabalha com metas sabe que essa é a realidade de muitos profissionais. Mas, fica difícil implementar novas práticas de gestão, reproduzindo o mesmo comportamento de sempre. O propósito aqui não é encontrar fórmulas certas, até mesmo porque não acredito que existam. No entanto, considerar o contexto e os recursos disponíveis como parâmetro de acordo entre o líder e o colaborador me parece adequado e justo. Avaliar o que vale como regra (prática usual) e o que entra como condição excepcional (prática ocasional) ajuda a melhorar a perspectiva. Tornar o excepcional a regra, expondo as pessoas com frequência ao excesso de trabalho é tóxico, abusivo e as torna reféns de uma rotina insana. Equilíbrio é fundamental. Precisa haver espaço para vida pessoal na rotina profissional. Lembrando que: preservar o ser humano por trás do crachá, além de justo, é tendência.

"... Esse é um problema complicado, pois a maioria das gestões ainda está estancada no modelo do trabalhador industrial, em que as pessoas são vistas como coisas a ser controladas e reguladas. Se a proposta é fazer mudanças realmente significativas nas organizações é imperativo ter consciência de que as pessoas são completas – ou seja, feitas de corpo, mente, emoções e espírito." Stephen Covey

Excessos revelam faltas

Falta empatia e humanidade na liderança quando é esperado que as pessoas produzam a qualquer custo, sem considerar suas necessidades, apenas para gerar mais lucro. A expectativa dos profissionais em relação aos acordos de trabalho mudou bastante. Eles querem que as suas necessidades pessoais sejam respeitadas e atendidas, e esperam das empresas e dos líderes que criem culturas flexíveis e inclusivas e priorizem na gestão seu bem-estar e segurança sem submetê-los a excessos. Muitos, inclusive, estão dispostos a deixar seus empregos se não tiverem seus interesses reconhecidos e seus direitos respeitados. Basta ver os movimentos como *The Great Resignation* — (A Grande Renúncia) com funcionários em massa se demitindo voluntariamente de seus empregos e o "Quiet Quitting" que mostra a desistência silenciosa, em que o colaborador faz apenas o mínimo necessário no trabalho sem pedir demissão. Lembrando ainda que muitas vezes o profissional se demite não da empresa, mas do líder. "Funcionários não deixam más companhias. Eles deixam chefes ruins", disse Timothy Altaffer, quando CEO da consultoria Axialent no Brasil, sobre a responsabilidade dos líderes na retenção de talentos.

Trabalhar, sim. Mas não a qualquer custo. Para os profissionais fica, cada vez mais claro, que é alto o custo de trocar vida por trabalho.

Uma pesquisa da consultoria americana BambooHR mostra que 44% dos profissionais pediram demissão por causa de um chefe tóxico;

Segundo levantamento da consultoria de recrutamento Michael Page (2019), no Brasil, 8 em cada 10 pedem demissão por causa do chefe;

Um outro levantamento realizado no mesmo ano pela consultoria DDI World apontou que 57% dos profissionais desistiram da empresa onde trabalhavam por causa da liderança.

Desenvolver líderes demanda tempo. É uma dedicação contínua e de longo prazo, que requer investimentos não só da empresa, mas também do profissional.

O apagão de líderes tem relação direta com o déficit de habilidades interpessoais. Isso em parte justifica o porquê de muitos líderes serem tecnicamente brilhantes, mas analfabetos nas competências humanas. Profissionais, os quais muitas vezes são alçados à posição de liderança por terem vasto conhecimento da área, ou por já estarem há muito tempo na mesma função e precisam ser promovidos, mas desprovidos de "people skills" (habilidades pessoais), consideram os aspectos práticos e desconsideram o subjetivo na gestão de pessoas, onde, invariavelmente, tropeçam. Atingir números, sim, é fundamental, mas se isso é feito por intimidação ou por inspiração faz toda a diferença na qualidade do líder. Esse apagão pós-pandemia se dá com base no que não é compreendido sobre a subjetividade do ser humano. Contudo, como tudo o que é justo oferece troca, "A magnitude da ameaça, no entanto, oferece a maior oportunidade de transformação da liderança", diz Bethel. Encarar o desafio como oportunidade de aprendizado ou desistir é também uma escolha pessoal. O que você decide?

O LÍDER INTEGRAL: UM NOVO NAIPE DE LÍDERES PARA UM NOVO MUNDO

CAPÍTULO II

"A serpente que não pode mudar de pele morre. De igual modo, os espíritos que impedimos de mudar de opinião deixam de ser espíritos." Friedrich Nietzsche

Surge um novo naipe de líderes que pensa, age e toma decisões com base em valores e crenças de um contexto completamente novo, em que os propósitos humanos e tecnológicos se associam criando tendências. Preparados para impulsionar as pessoas e o negócio, e não o contrário.

Aqueles que não acompanharem os apelos do novo, serão empurrados para fora do caminho e passarão ao largo dessa grande transformação.

O mundo mudou e influenciou a mudança do formato de trabalho e o tom das relações nas empresas.

As realizações do passado não são mais uma garantia de sucesso futuro. O modo de liderar que era suficiente, agora, claramente, deixa a desejar. A necessidade de líderes com visão integral e bom ânimo para viver novas experiências e transformar pessoas e negócios é maior do que nunca. As empresas, o planeta e as pessoas precisam dessa geração de líderes comprometida com a transformação por meio de uma jornada de desenvolvimento integral. Para alguns, entender o novo papel do líder no contexto atual ainda é um pouco difícil.

As coisas mudam sem aviso prévio, sobretudo após uma pandemia sem precedentes, e os líderes, responsáveis por repensar as estratégias e tomar decisões, precisam mudar junto.

Enquanto você está aqui lendo este capítulo, o futuro, seja bom ou ruim, está sendo criado, dependendo do nível de consciência e da competência dos líderes, sejam políticos, religiosos, de família ou de empresas para tomar decisões assertivas. Aqueles que não considerarem esses aspectos na sua gestão correm o sério risco de ficar para trás.

O líder do futuro deve ser um aprendiz em tempo integral, isso exigirá:

Novos níveis de percepção e insight da realidade do mundo e de si próprio;

Motivação para enfrentar o desafio do processo de aprendizagem e da mudança, especialmente em um mundo com fronteiras mais livres;

Força emocional para gerenciar sua própria ansiedade e a dos outros à medida que a complexidade e a incerteza tornam-se cada vez constantes;

Habilidades para analisar e mudar as disposições culturais;

Disposição e habilidade para inspirar e envolver outras pessoas e obter sua participação.

Nesse trecho do livro *Cultura Organizacional e Liderança* o autor Edgar Schein, Ph.D. em psicologia social pela Universidade de Harvard, conhecido como "pai da cultura organizacional", mostra como os líderes criam a cultura e como a cultura, uma vez criada, define os critérios para a liderança, determinando assim o perfil ideal do líder.

Refletindo sobre as características e habilidades do líder que o mundo precisa, não imagino descrição melhor do que essa do Professor e também autor do livro *Liderança Humilde* para ilustrar a disposição do novo naipe de líder essencial ao contexto atual da liderança.

Ser antecede o saber

Acredito fortemente que o indivíduo precede o título, e para que alguém consiga se tornar um bom líder deve ser, em essência, um bom ser humano. Na condição humana o indivíduo não é fracionado e a sua integridade é a sua maior beleza e força. Embora muitos ainda busquem crescer na carreira sem antes conhecer a si mesmos e desenvolver de modo integral suas capacidades: sociais, emocionais e intelectuais. Como diz a professora e pesquisadora da Universidade de Houston, Brené Brown, no seu livro *A Coragem de Ser Imperfeito*: "O que nós sabemos é importante, mas quem nós somos importa muito mais." Qualificação técnica apenas já não é suficiente para as demandas do mercado atual. Segundo o Fórum Mundial Econômico, "as habilidades essenciais do futuro serão, sem exceção, comportamentais". Por muito tempo as considerações a respeito do QI (quociente intelectual) levaram à crença de que o sucesso profissional estava prioritariamente atrelado às competências técnicas.

Eram vistos como geniais aqueles que tinham habilidade mental inata, e agilidade de raciocínio. Na condição de gênios e mais inteligentes ocupariam os cargos de maior relevância nas empresas. As pessoas, então, passaram a investir mais tempo e recursos em aprendizado técnico para que sua competência fosse reconhecida e recompensada, e assim permitindo-lhes conquistar as melhores oportunidades. Formação técnica, claro, é essencial. O profissional é contratado por ter conhecimento para desempenhar suas funções. Mas, os tempos são outros.

Diferencial técnico é, e continuará sendo, essencial ao processo de execução, mas quem as pessoas são, cada vez mais, ganha relevância estratégica.

Embora muitos priorizem a aquisição de títulos e chancelas, fazendo com que o investimento em qualificações técnicas seja inversamente proporcional ao investimento em *soft skills* - habilidades que facilitam a compreensão do comportamento humano e determinam a qualidade das relações de trabalho. Hoje, os profissionais que se valem apenas da técnica como garantia de um diferencial não se destacam. Em um primeiro momento, pode até ser, mas quando surgem os desafios relacionados às questões comportamentais na liderança, se não houver competência interpessoal e maturidade emocional, líderes, colaboradores e empresas sofrerão as consequências desse despreparo.

Com tantas mudanças acontecendo, a necessidade de líderes com visão integral e bom ânimo para vivenciar novas experiências e transformar pessoas e negócios é maior do que nunca.

O modelo de trabalho hoje demanda um novo perfil de líder: integral, íntegro, autêntico, guarnecido de grandeza pessoal, que troca naturalmente a autoridade pela reciprocidade e a arrogância pela vulnerabilidade.

Provido de humildade nobre, aberto à troca e ao diálogo, que dá às pessoas o direito à integridade para que sejam elas mesmas, compartilhem suas ideias e opiniões e tenham liberdade para ousar, inovar e falhar sem medo de serem punidas. Um novo naipe de líderes que sabe de si, comprometido com o autodesenvolvimento contínuo, pois sabe que, melhorando a si mesmo, torna-se melhor para as pessoas e o negócio e isso amplia a sua perspectiva de gestão, conquistando resultados de forma ética, com um olhar mais humano e a disposição de ajudar pelo compromisso de desenvolver.

"As empresas que optarem por humanizar a gestão das suas equipes estarão bem posicionadas." Forbes Council

Empresas voltadas para cultura de valores e o respeito às pessoas, que estimulam a comunicação transversal, o acolhimento de ideias e primam pela integração e a transparência na gestão, promovem aos funcionários um ambiente de trabalho colaborativo e seguro e navegam melhor por momentos críticos.

Para os líderes, a grande tendência a ser observada é a ênfase na liderança centrada no ser humano. Isso não se resume a cestas de boas-vindas para os novos colaboradores, mini rampa de skate, ou sessões de massagem no escritório na sexta-feira. Embora isso ajude a humanizar o ambiente de trabalho, estamos falando aqui sobre os líderes com DNA para a gestão inclusiva e colaborativa, com inteligência emocional, empatia e capacidade de gerir as pessoas, levando em consideração o contexto em que elas vivem. Esses líderes estarão melhor equipados para liderar nesse novo momento.

Você é um líder centrado no ser humano?

O valor do líder com boa interface humana tem sido cada vez mais reconhecido pelas empresas, que têm preferido contratar profissionais que sabem se relacionar em vez de gênios indomáveis. No contexto do "people centric" as habilidades interpessoais roubam a cena, cuidar das pessoas, dar voz a elas, se aproximar delas e aprender com elas tornou-se um grande diferencial no "currículo" do líder.

Quer se tornar esse líder? Seja uma pessoa melhor.

A ideia do subtítulo do livro *O bom ser humano precede o bom líder* foi chamar atenção para o fato de que em algumas empresas os líderes, a despeito de muito bem capacitados tecnicamente, têm um enorme *gap* comportamental que os torna incapazes de fazer a gestão de pessoas nos novos termos.

Um líder pode ser brilhante, ter formação diferenciada, falar vários idiomas, dominar os processos, sistemas e estratégias da sua área, mas se ele não for capaz de estabelecer relacionamentos sadios com as pessoas, a equipe, por convicção própria, não o reconhecerá como uma referência nem se deixará influenciar por ele. Ser exemplo ficará apenas no plano da pretensão.

O déficit comportamental é reflexo do baixo nível de consciência e de questões emocionais não percebidas e, por isso, não controladas.

"Quem eu sou aqui nada tem a ver com quem eu sou lá fora." Fala imatura, pois o indivíduo, na condição humana, não é fracionado. Pode até se dar ao luxo de ser bipolar, mas daí a achar que pode encenar o Dr. Jekyll e o Sr. Hyde como no "O médico e o monstro", alternando entre duas personalidades, na vida real não funciona. Não há como ser mau em casa e bom no trabalho ou vice versa. Um dia a máscara cai e a sua natureza, independentemente se boa ou ruim, será revelada. O líder até pode recorrer a filtros para ajudá-lo a se posicionar de acordo com a ocasião, mas daí querer trocar de essência já é uma outra história que Freud explica.

Ser um bom indivíduo é pré-requisito para se tornar um bom líder. Quem ele é como pessoa é a sua essência, quem ele é de verdade. Ele até pode ser reconhecidamente uma boa pessoa e ainda não ter desenvolvido as habilidades necessárias a um bom líder. Isso é mais fácil de ser solucionado. Mas o contrário, é complicado mudar: difícil transformar uma má pessoa em um bom líder, pois isso envolve virtude humana e forças de caráter, traços que atestam a capacidade do líder de produzir emoções positivas e inspirar as pessoas a quem lidera.

Talento e experiência podem ser desenvolvidos. Ética e caráter é uma outra história. Na dúvida, vale a máxima: "contrate o caráter e treine as habilidades".

Escuta de mentoria:

Um executivo recém-chegado em uma empresa para trabalhar no departamento de marketing, narra o episódio: "Participei de uma reunião em que uma colega apresentava um relatório com informações referentes a um projeto em andamento. No meio da apresentação, ela foi interrompida por um diretor de outra área que criticou grosseiramente a sua explanação diante de todos na sala, sugerindo que o que ela falava não procedia. A profissional, visivelmente desconcertada, tentou argumentar que os dados haviam sido conferidos e aprovados juntamente com o gestor da área. No entanto, o diretor insistiu que ela parasse a apresentação, ele iria ftranquilizá-la. O executivo (mentorado), que também havia participado do levantamento dos dados e informações, depois da reunião procurou a profissional, ainda bastante nervosa, e tentou tranquiliza-la, dizendo que o gestor dela, o diretor da área, iria esclarecer o fato e que tudo ficaria bem. Quando virou-se o então diretor, autor da confusão, estava logo atrás deles, e se dirigindo a ela falou: "Não tolero drama. Quando vier trabalhar, deixa o coração em casa e traz só o que interessa, a cabeça."

Quando as relações de trabalho são dominadas por esse tipo de energia, falta ao líder inteligência emocional, empatia e humanidade. Para se desconectar do arquétipo hierarquizado, com voz de comando, que gera desigualdade e exclusão, o líder deve considerar na sua gestão: mente (racional) e coração (emocional). **Inclusão envolve coração.** Um líder inclusivo considera o equilíbrio entre as características e as qualidades da mente e do coração. Contudo, nesse aspecto, com base num levantamento da Korn Ferry, apenas 5% dos líderes podem ser classificados como inclusivos.

"... aquilo que aprendemos precisa ser integrado ao coração. Saber de uma coisa racionalmente não a torna sabedoria. O dom da verdadeira sabedoria exige um casamento dentro de cada pessoa: a cabeça e o coração têm que ser usados igualmente. Se pensarmos e sentirmos simultaneamente encontraremos o equilíbrio." Jamie Sams

♥

O modelo tradicional de liderança agora é um sistema do passado. As pessoas precisam de lideres que considerem o coração na gestão.

Como diz a Diretora da London School of Economics, Dame Minouche Shafik: "No passado, os empregos eram sobre músculos, agora são sobre cérebro, mas no futuro, serão sobre o coração". Isso faz todo sentido, pois a liderança cada vez mais exige empatia e compaixão e ambas vêm do coração. Fomos ensinados que o coração responde aos comandos neurais enviados pelo cérebro. No entanto, de acordo com o HeartMath Institute Science na Califórnia, que há 40 anos estuda o coração como centro de inteligência, existe mais caminho neuronal do coração para o cérebro do que o contrário.

Os cientistas ampliaram este campo de pesquisa científica, observando como os padrões de atividades cardíacas afetam as funções do cérebro, influenciando as emoções e as faculdades cognitivas superiores, como: atenção plena, percepção, memória e resolução de problemas. Isso significa que, não apenas o coração responde ao cérebro, mas o cérebro responde continuamente ao coração.

O Diretor de Pesquisa do HeartMath Institute discute por que a coerência cardíaca é essencial no gerenciamento do estresse e na mudança sustentável de hábitos e comportamentos. Sob estresse e emoções negativas, quando o ritmo cardíaco é errático e desordenado, os sinais neurais que saem do coração para o cérebro inibem as funções cognitivas superiores, limitando a capacidade de pensar com clareza, lembrar, aprender, raciocinar e tomar decisões assertivas. Isso explica por que, sob estresse, agimos de forma impulsiva e imprudente.

Já o ritmo cardíaco ordenado e estável, durante estados emocionais positivos, tem o efeito oposto – facilita a função cognitiva, reforça sentimentos positivos e gera estabilidade emocional, beneficiando a forma como percebemos, pensamos, sentimos e agimos. Ficou mais claro o porquê da importância de envolver o coração na sua gestão?

*Fonte: heartmath.org

As empresas são criadas e administradas por mentes altamente inteligentes e inovadoras, mas liderar com o coração requer um estilo de liderança diferente.

Pesquisadores do Instituto Gallup entrevistaram mais de 10.000 pessoas para identificar o que faz alguém querer seguir um líder. Uma das perguntas foi: "Liste três aspectos que melhor descrevem a contribuição do líder na sua vida". A pergunta era aberta, sem sugestões de respostas.

Na análise dos resultados, **quatro necessidades se destacam em relação ao que os liderados esperam dos seus líderes:**

Confiança	**Compaixão**
Estabilidade	**Esperança**

*Referências livro *Strengths Based Leadership: Great Leaders, Teams, and Why People Follow (Liderança baseada em pontos fortes: grandes líderes, equipes e por que as pessoas seguem).*

É da natureza humana resistir àquilo que não tem domínio ou controle. A despeito de estar cientificamente comprovado o benefício de considerar o coração na gestão, boa parte dos líderes não sabe o que devem fazer. **Se você quer liderar com o coração, comece pondo em prática algumas dicas:**

Desenvolva conexões. É fundamental que você se conecte com as pessoas. Isso gera confiança, o que faz com que as pessoas se sintam seguras sob a sua gestão;

Seja acessível. As pessoas querem trabalhar "com" e não mais para o líder. Aproxime-se delas e respeite a sua integridade;

Dê voz às pessoas e ouça-as ativamente. Ouvir ativamente o que as pessoas têm a dizer mostra que você valoriza sua opinião e perspectiva;

Comprometa-se com o crescimento da equipe. Identifique como cada colaborador espera que você o ajude a evoluir na carreira e comprometa-se com isso;

Não tome decisões pensando apenas no lucro. Isso é resquício da liderança tradicional. Avalie sempre como suas decisões afetarão as pessoas e o meio externo;

Seja empático. Isso significa se envolver com a pessoa por trás do crachá. Permita que elas saibam que você tem interesse genuíno por elas;

Cuide. Quem lidera com o coração, cuida. Preserve o bem-estar físico, mental e emocional da equipe;

Seja honesto. Não esconda nada das pessoas. Isso corrói a confiança. Quando não puder compartilhar alguma informação importante, seja honesto e explique que tão logo possível falará com elas;

Respeite as diferenças. Adote tolerância zero às condutas mal-intencionadas. E jamais envergonhe ou diminua as pessoas;

Foque no positivo. Lembre-se da "coerência cardíaca". Os padrões de atividades cardíacas afetam as funções do cérebro, influenciando as emoções e as faculdades cognitivas superiores;

Seja vulnerável. Brené Brown diz que "a vulnerabilidade é o cerne de todas as emoções". Se você vestiu a capa de super-herói, tire-a. É insuportável trabalhar com líderes que "acham" que dominam tudo.

Liderar com o coração requer de você a responsabilidade de ajudar pelo compromisso de desenvolver, e a consciência de que antes de se constituir profissional, o indivíduo se apresenta como pessoa, ser humano, representante do mais alto nível de complexidade da escala evolutiva. Portanto, para ser bem-sucedido na sua gestão, guie-se pela máxima do fundador da psicologia analítica, Carl Gustav Jung: "Conheça todas as teorias, domine todas as técnicas, mas ao tocar uma alma humana, seja apenas outra alma humana." Quando essa mensagem se tornar sua prática diária, algo incrível acontecerá não apenas na sua gestão, mas na sua vida e na vida daqueles que tiverem a sorte de trabalhar com você, representante do novo naipe de líderes que as pessoas, os negócios e o mundo merecem e precisam.

ABORDAGEM INTEGRAL: AS TRÊS DIMENSÕES ESSENCIAIS DA LIDERANÇA

CAPÍTULO III

*"Todo indivíduo tem o desejo de ser grande, íntegro e estar à altura de quem ele é. Isso é **humanidade.** Cabe ao líder ajudá-lo a despertar o potencial para desempenhar, integralmente, a sua capacidade. Isso é **liderança integral!**" Waleska Farias*

Minha experiência acompanhando os líderes nos programas de capacitação e mentorias, me permite dizer que todos nós passamos por tempos caóticos. Quando menos se esperava, a vida virou do avesso e deixou todo mundo de pernas para o ar.

O combo: pandemia, tecnologia, crise, conflitos e guerra, provocaram uma cadeia de eventos que afetou o mundo significativamente e provocou uma reviravolta nas empresas, bagunçando as rotinas de trabalho e colocando em xeque a capacidade dos líderes de fazer uma leitura precisa do contexto e usar os recursos certos para atender às necessidades das pessoas e dos negócios.

A liderança como posição estratégica é, sem dúvida, uma das atividades humanas mais valiosas e tem sido foco de muitos estudos e pesquisas ao longo do tempo.

Bernard Bass — estudioso do tema, e professor emérito da School of Management da Binghamton University, onde fundou o Center for Leadership Studies, diz que "o estudo da história tem sido o estudo dos líderes, o quê e porquê eles fizeram o que fizeram". Contudo, apesar de todo o investimento no tema, notadamente, muitos líderes, frente ao desafio provocado pelas mudanças, têm apresentado dificuldade de se adequar aos novos termos.

Muda o mapa. Muda o trajeto. Seguir pelos mesmos caminhos não levará o líder à direção certa nem ao resultado esperado, pois o que antes funcionava, agora, claramente, não funciona mais.

Portanto, seguir fazendo o que antes deu certo não é mais uma opção, e aqueles que insistirem vão perder tempo, foco e competência de gestão.

De acordo com o Work Trend Índex 2023 da Microsoft (Índice de Tendências do Trabalho), 64% das funções operacionais do líder vão mudar até o próximo ano. A liderança segue tendências e isso requer do líder conhecimento dos conceitos emergentes e discernimento para liderar em um cenário instável e em constante modificação. Liderar, portanto, tem se tornado um trabalho cada vez mais complexo e desafiador, e a pergunta que precisa ser respondida é:

O que cabe como perspectiva de requalificação do papel do líder em adequação ao novo contexto?

Não há mais como um modelo de gestão engessado, operado por um perfil de liderança retrógrado, preso a velhas crenças e comportamentos, que não inova as soluções e desconsidera a responsabilidade com as pessoas e o meio ambiente, ainda ser concebido por algumas empresas.

Os negócios, as pessoas, o planeta precisam de uma **nova geração de líderes** comprometida com a evolução da liderança a partir da sua própria jornada de transformação pessoal. Consciente de que, ao transformar a si mesmo, torna-se um líder melhor para as pessoas e o negócio. Entretanto, devotos da liderança tradicional, reféns do que não enxergam ou não querem enxergar, seguem colocando vírgulas em situações que há tempos pedem um ponto final.

Há 10 anos escrevi a primeira edição deste livro com base no meu trabalho com lideranças e equipes em empresas de diversos portes e segmentos. Acompanhando de perto as mudanças nas dinâmicas corporativas, juntamente com os líderes, passei por experiências inimagináveis e tive aprendizados valiosos.

Posso dizer que **a liderança segue evoluindo** para um novo paradigma com um novo sentido do que é, efetivamente, liderar. No entanto, nada do que eu vi ou aprendi, ao longo desses anos me leva a modificar a mensagem original deste livro. Não se muda as coisas apenas falando mal do que já existe, mas sim, transformando o que já existe em algo melhor.

A mensagem do "O líder integral" continua atual e mais necessária do que nunca para capacitar os dos líderes na transição da liderança tradicional para a liderança integral.

Os líderes devem ter jogo de cintura para conciliar as diversas demandas e se manter aprendendo continuamente e conseguir responder às mudanças dentro e fora da empresa. E é primordial verificar se o que está sendo feito, além de gerar resultado, preserva o capital humano e honra o compromisso com a comunidade e o meio ambiente. A combinação desses aspectos é vital à efetividade da liderança nesses novos tempos.

O que é liderança integral?

É uma abordagem da liderança que considera a **integridade** do indivíduo como recurso-chave na gestão de pessoas e dos negócios e **estimula no líder crenças e comportamentos civilizados,** os quais guiarão suas ações e decisões por um viés humanista: o Ser Humano é a essência do negócio e o principal ativo da empresa. Um líder pode ter vasto conhecimento e experiência, mas não ser civilizado. Civilidade tem a ver com consciência, respeito, caráter, valores e interesse genuíno pelo bem-estar do outro, aspectos essenciais à qualidade da gestão.

Contrário à tendência, na liderança tradicional o poder do líder é autocrático se estabelece pela voz de comando e controle daqueles que, por terem chegado ao "topo da pirâmide", acreditam que têm domínio sobre as pessoas.

Na Liderança Integral as relações são mais próximas e a gestão mais aberta.

As pessoas trabalham "com" (não "para") o líder, que dá voz a elas, as inclui na tomada de decisão e se compromete com o crescimento delas para que desempenhem tão bem quanto possam.

Integral significa inteiro, completo, o que se apresenta na sua totalidade e possui tudo o que é essencial. A Liderança Integral integra as três dimensões essenciais interdependentes e complementares, da liderança em nível estratégico, ajudando o líder a ampliar a perspectiva de si, das pessoas e dos negócios para tomar decisões mais embasadas e gerar resultados significativos:

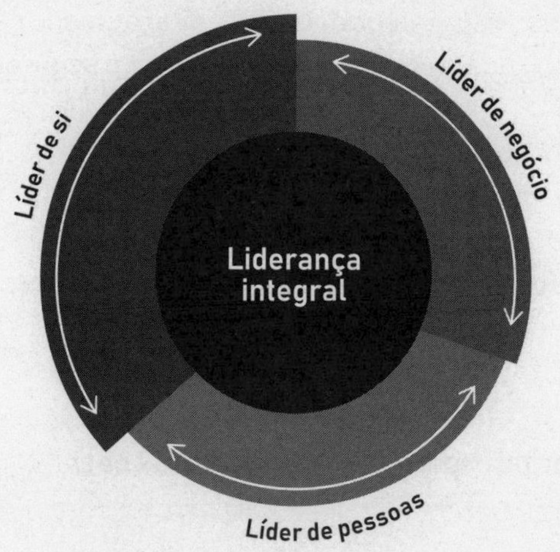

Para que o líder tenha visão do todo, seja imparcial e assertivo nas suas decisões e obtenha o máximo de resultado na sua gestão, as três dimensões devem ser trabalhadas em conjunto.

As empresas que aplicam a **Abordagem Integral** trazem à tona o que há de melhor nos seus profissionais e se beneficiam de uma visão integrativa e sustentável do negócio. Essa abordagem reforça a necessidade de renovação de práticas e valores ultrapassados, embasados na liderança tradicional, dificultando a requalificação do papel do líder e retardam a evolução da forma de gerir pessoas e negócios, firma a importância de conjugar a grandeza pessoal do líder às forças sociais, econômicas e tecnológicas, alinhando-se às tendências e ganhando relevância ao integrar os **recursos necessários para a renovação da liderança** em resposta ao **contexto atual do trabalho:**

- Integração de pessoas e propósitos;
- Unificação de inteligências e conhecimentos;
- Criação de negócios conscientes e responsivos;
- Preservação da integridade do capital humano nas organizações (qualidade de vida, saúde e segurança);
- Desierarquização e autonomia nas relações de trabalho;
- Conexão entre prioridades e responsabilidades;
- Aprendizagem contínua e autodirigida;
- Geração de impacto social e ambiental positivo.

As empresas geralmente promovem à posição de liderança profissionais de alto desempenho, que se destacavam em suas funções como colaboradores individuais. Embora não haja nada de errado nisso, considerando a velocidade e a complexidade das mudanças nos negócios, também é fundamental promover oportunidades de reciclagem para que os líderes atualizem suas habilidades e consigam acompanhar as mudanças dentro e fora da empresa, desempenhando com êxito o seu papel estratégico.

A Liderança Integral, por meio das suas três dimensões, oferece ao líder a oportunidade de ampliar sua consciência e desapegar do modelo obsoleto de gestão para se posicionar com convicção entre os aspectos práticos e subjetivos da liderança, certo do real sentido de liderar pessoas e negócios nas circunstâncias atuais.

O LÍDER DE SI: 1ª DIMENSÃO

"Um dos principais propósitos da liderança é transformar. O líder, portanto, deve saber do que é feito, o quão rápido pode ir e que tipo de tempestades é capaz de enfrentar antes de pretender liderar outras pessoas."

A primeira dimensão da Liderança Integral atesta a capacidade do líder de, autoconhecendo-se, dar conta de si. Parece simples, mas nem sempre o que é simples é fácil. Saber de si e controlar seus sentimentos e emoções é um dos grandes desafios do líder, pois a forma como se relaciona e reage às situações no dia a dia determina a eficácia da sua gestão. Aqui o líder é convocado a olhar para dentro e reconhecer seus próprios conteúdos. Quando não se dispõe a fazê-lo, as qualidades negativas que atribui aos outros, muitas vezes, são as que ele mesmo não compreende em si.

Somente conectado a sua verdadeira identidade e, fazendo uma leitura honesta de si mesmo, é capaz de construir relacionamentos saudáveis com as pessoas.

A liderança bem-sucedida se dá de dentro para fora. Quem não lidera a si mesmo não pode pretender liderar quem quer que seja. Se o líder não estiver alinhado com essa premissa, estará sempre refém das suas necessidades e à mercê do interesse de outros. A autoliderança, portanto, é o ponto de partida para qualquer ação de desenvolvimento do líder. Acredito que se existisse um manual de instrução do líder o primeiro capítulo, sem dúvida, seria destinado à autoliderança. Apesar da sua importância, parece que o conceito não faz parte do repertório comum dos líderes.

Vamos nos aprofundar sobre **o que é a autoliderança, qual a sua importância na trajetória do líder e quais são as habilidades necessárias** para conseguir desenvolver essa competência primordial. O termo surgiu pela primeira vez na literatura de gerenciamento organizacional por Charles C. Manz, que mais tarde o definiu como uma "perspectiva abrangente de autoinfluência que diz respeito a liderar a si mesmo."

Autoliderança é a prática de influenciar intencionalmente os seus pensamentos, sentimentos e ações em direção aos seus objetivos.

Isso requer de você clareza das suas preferências e motivações para orientar-se intencionalmente em direção a elas. Abrange a identificação do que ele faz, por que faz e como faz e é fundamental para que o líder compreenda seus próprios impulsos, consciente de que não pode mudar os acontecimentos, mas pode escolher como reagir a eles.

A habilidade-chave no desenvolvimento da autoliderança é o autoconhecimento.

AUTOCONHECIMENTO

"Aquele que conhece os outros é sábio, aquele que conhece a si mesmo é iluminado." Lao Tsé

Existem correlações claras entre autoconhecimento e liderança eficaz. O autoconhecimento é a base para qualquer tipo de transformação e distingue os bons líderes dos líderes medianos. Esteja certo de que, o quão bem-sucedido você será com o chapéu de líder dependerá da sua capacidade de se autoconhecer e saber distinguir o que é seu e o que é do outro. Dentre os especialistas em liderança, o autoconhecimento é a habilidade que deve estar no topo da lista de pré-requisitos para que alguém possa assumir a função de líder, pois é a habilidade-chave para o desenvolvimento de todas as outras e tem influência direta no resultado do negócio.

De acordo com os autores de "How To Become a Better Leader", publicado no MIT Sloan Management Review, "o autoconhecimento foi citado como a capacidade mais importante na formação de líderes, e um levantamento feito pela Korn Ferry International, mostrou que empresas com forte desempenho financeiro tendem a ter funcionários com níveis mais altos de autoconhecimento."

*FORBES

A busca da liderança, inicialmente, é uma busca interior, e nessa jornada, não conhecer a si mesmo é uma grande armadilha.

O que torna claro que o potencial de um líder começa nele. Alguém que não tenha pleno conhecimento de si não conseguirá ser autêntico nas suas relações, sendo, portanto incapaz de ser exemplo. Uma das principais características dos bons líderes é a capacidade de liderar pelo exemplo. Isso é um dos motivos que torna o líder com essa habilidade tão valorizado, pois o capacita a inspirar e influenciar as pessoas a seguir a sua conduta.

Em seu livro *Insight*, Tasha Eurich, psicóloga organizacional, pesquisadora e autora best-seller do New York Times, diz que o *autoconhecimento é a "meta-habilidade do século XXI"*. No entanto, pesquisando sobre o tema a autora descobriu que apenas entre 10% e 15% das pessoas são autoconscientes."

Os ambientes de trabalho, hoje, mostram uma conjunção de dores psíquicas e físicas associadas aos "males modernos". As pessoas adoecem, têm insônia, desenvolvem ansiedade, *burnout*, síndromes e fobias cada vez mais complexas. Essas doenças são um reflexo da somatização contínua de limites ultrapassados e de emoções ignoradas ou caladas sem serem resolvidas. Muitas dessas ocorrências passam despercebidas por ignorância de si e do outro na relação líder/colaborador. Segundo Einstein: "No processo de aprender e ensinar, a habilidade de fazer perguntas é fundamental. O importante é não parar de fazê-las".

A habilidade de se autoconhecer pressupõe um saber descoberto em questionamentos simples:

1. Você se surpreende feliz fazendo o quê?

____

____

____

2. Quais as suas três principais fontes de motivação?

____

____

____

3. Quais atividades entediam você?

____

____

____

4. Quais situações ou pessoas que fazem você perder a linha? Por quê?

____

____

____

____

____

____

5. Qual a sua definição de sucesso?

6. O que você faz hoje, o aproxima ou distancia da sua definição de sucesso?

( ) aproxima
( ) distancia

7. Quais as suas três principais qualidades?

8. Quais os seus principais medos?

9. O que você ainda gostaria muito de aprender ou desenvolver?

10. Você consegue estabelecer limites nas suas relações? Se não consegue, quais os motivos?

( ) sim
( ) não

____

____

____

____

11. Como as pessoas com quem trabalha descreveriam você?

____

____

____

____

Difícil alguém perceber ou compreender no outro o que em si próprio não tiver experienciado. O melhor meio de se autoconhecer é cultivar o hábito de olhar para si e refletir sobre o que o leva a reagir bem ou mal a determinadas situações e pessoas.

Se como líder, você não conseguir identificar seus próprios conteúdos, como se saíra avaliando as pessoas? Líderes sem o conhecimento de si, têm uma grande dificuldade de se pôr no lugar do outro, ou seja, é desprovido de empatia, uma das principais habilidades da liderança no campo da abordagem integral. A busca do autoconhecimento muitas vezes desconforta, pois nos leva ao confronto do que ainda não temos desenvolvido e na condição de desconhecido, não reconhecemos como nosso. O que me faz lembrar de um episódio bastante peculiar.

Escuta de mentoria:

O parceiro de negócio de Recursos Humanos (HRBP) faz contato, indicando para um processo de coaching um gerente sênior da área de logística da empresa, a qual, com o empurrão da pandemia, havia dobrado de tamanho. A demanda vinha do Diretor da área, que, em consonância com RH, alegava a dificuldade do gerente, perfil centralizador, de delegar funções e formar novos líderes para ocupar as posições em aberto. Na entrevista de empatia, logo vi que o gerente não tinha a mesma percepção do RH e do diretor da área, portanto, discordava quanto à sua dificuldade de formar sucessores: "não tenho nenhuma dificuldade de delegar e formar novos líderes, acontece que as pessoas não têm interesse em se tornar líderes. Elas sabem o que vem junto com o crachá de líder aqui na empresa e não querem assumir essa responsabilidade."

Em suma, a área havia dobrado de tamanho, a empresa precisava que os profissionais, com conhecimento do negócio, ocupassem as novas posições de liderança.

E o líder, por sua vez, alegava que não podia forçar as pessoas a aceitarem a posição de liderança e que isso era um problema da empresa. Por outro lado, as pessoas da equipe com frequência se queixavam com o RH que não tinham um plano de carreira, não recebiam feedback formal e que o líder, além de centralizador, fazia microgestão. Era a área que mais exigia dos colaboradores trabalho presencial. O diretor, o RH e a equipe tinham percepções similares, e o líder, sem reconhecer a sua necessidade, negava a dificuldade e se isentava da responsabilidade. Pergunto: se a responsabilidade de delegar e formar sucessores não era do líder, de quem seria? Algo de muito errado acontece quando o líder, na posição de representante (embaixador) da empresa a usa de escudo para se defender do que acontece de errado na equipe.

As empresas esperam cada vez mais dos líderes que sejam bons observadores e ouvintes, comprometidos com o seu autodesenvolvimento e desenvolvimento do time, com discernimento para tomar decisões sábias e capacidade para alinhar a gestão de pessoas às estratégias de negócio. A habilidade-chave por trás dessas competências é o autoconhecimento.

Se o líder não consegue identificar e gerir suas próprias necessidades e responsabilidades, como poderá responder pela equipe e pelo negócio?

Olhar para o próprio umbigo não é fácil.

Confrontar a percepção que temos a nosso respeito com percepções de outras pessoas não é algo simples, pois nem sempre é agradável ouvir ou saber o que os outros falam e pensam sobre nós, quando as críticas são contraditórias ao que pensamos. Autoconhecimento requer coragem e disposição para confrontar a si mesmo e enxergar aspectos inconscientes que bagunçam a relação consigo e com o outro. Claramente, muitos não estão preparados. Isso confirma a constatação da Eurich, de que poucas pessoas são realmente autoconscientes, justificando o porquê da habilidade de autoconhecimento passar em branco no repertório de muitos líderes.

A capacidade de trabalhar com as potencialidades e características de cada uma das pessoas para que consigam chegar ao resultado esperado, exige do líder o conhecimento das próprias habilidades e necessidades.

Por isso, o processo de autoconhecimento é um recurso-chave, pois além de permitir que o líder se mantenha em processo contínuo de autoaprimoramento, oferece também benefícios valiosos ao seu desenvolvimento na esteira de liderança, **por exemplo:**

Ampliação da consciência das suas necessidades de melhoria para evoluir como pessoa e se tornar um líder melhor;

Percepção dos gatilhos que acionam ou disparam determinados sentimentos e emoções nas suas relações interpessoais;

Identificação dos valores e crenças que influenciam a sua percepção de certo e errado e justificam as suas decisões;

Percepção de como suas reações afetam o ambiente de trabalho, o bem-estar e a produtividade da equipe.

Como você pode se conhecer melhor?

Treinamentos;

Leitura;

Análise e processos terapêuticos;

Práticas de auto-observação e reflexão (como você afeta as pessoas e como elas afetam você);

Experimentar coisas novas (mente aberta);

Mindfulness (atenção plena);

Práticas espirituais;

Feedback.

Dica importante:

O potencial de um líder começa em si mesmo. Aqueles que não têm pleno conhecimento de si, não conseguem ser autênticos nas suas relações interpessoais e isso afeta diretamente a qualidade da sua gestão, pois a falta de autenticidade impede que o líder seja reconhecido como exemplo pelas pessoas a quem lidera. E aqueles que não lideram pelo exemplo, lideram pela cartilha do comando e controle: "faça o que eu digo, não faça o que eu faço". Credibilidade zero e reputação de mal a pior.

AUTOGESTÃO EMOCIONAL

"Você é capaz de controlar apenas as coisas das quais tem consciência. As coisas das quais você não tem consciência controlam você." John Whitmore

Esses últimos tempos serão para sempre lembrados pelos desafios que os líderes tiveram de enfrentar, navegando por territórios completamente desconhecidos.

Todos precisaram aprender a controlar suas emoções, mas também ajudar as pessoas a manterem as suas sob controle para que pudessem atravessar a tempestade.

Quem teve a sorte de trabalhar diretamente com um líder emocionalmente inteligente, certamente se beneficiou das qualidades que definem esse perfil de liderança tão necessário e desejado pelas empresas.

Quem não controla a si mesmo não é dono de si.

Depois de conhecer do que é feito, o líder precisa saber que tipo de tempestade é capaz de enfrentar: como lidar de modo inteligente com suas emoções; reconhecer seus humores e ímpetos e compreender seus efeitos em si mesmo e nos outros.

Se o líder não consegue identificar e manejar suas próprias emoções, como conseguirá lidar com as dos seus colaboradores para enxergar os dois lados de uma discussão e ponderar com imparcialidade a melhor decisão?

Para liderar bem uma equipe, o líder precisa ter desenvolvida a sua habilidade de autogestão emocional.

Isso significa que além de precisar fazer a gestão do seu tempo e dividi-lo entre processos e pessoas, deve fazer também a gestão das suas emoções e evitar que interfiram na sua relação com a equipe. Essa prática ajuda o líder a contornar conflitos e estar mais próximo das pessoas.

Nossas reações são influenciadas pelas emoções numa espiral que afeta todas as células do nosso organismo, impactando a autopercepção e a percepção que temos das pessoas com quem nos relacionamos.

Somente compreendendo a dinâmica das emoções conseguimos ter algum controle de como reagimos aos acontecimentos a nossa volta.

Lembrando que, como comprovado pelos pesquisadores do HeartMath Institute Science, não apenas o coração responde ao cérebro, mas o cérebro responde continuamente ao coração, influenciando as emoções e as faculdades cognitivas superiores. No desenvolvimento emocional, o primeiro estágio é o entendimento das próprias emoções, ter consciência de que a forma como nos comportamos é reflexo de quem somos em essência. Somente depois de descobrir o máximo sobre si mesmo, o líder se torna apto a lidar com as emoções e humores dos seus colaboradores.

Sentir-se bem consigo mesmo e estar emocionalmente equilibrado é condição básica para liderar pessoas.

Quando o líder é emocionalmente equilibrado, aprende a lidar com os sentimentos de inquietude, ansiedade, baixa tolerância à frustração e instabilidade de humor. Consciente da influência das emoções nos conflitos, consegue ser mais empático com as pessoas nas intervenções com a equipe e fortalece significativamente a sua relação com elas. Líderes emocionalmente instáveis se distanciam do propósito da gestão humanizada.

Escuta de mentoria:

Há algum tempo, fui indicada para conduzir um processo de coaching com um líder do departamento comercial de uma empresa que tinha 17 anos de casa, bastante conhecimento dos produtos e perfil dos clientes e respondia pelo resultado de uma equipe de nove pessoas. Esse líder, em uma viagem ao nordeste, encantou-se por um mini chicote, artesanato local da cidade, e teve a ideia de comprá-lo para "brincar" com a equipe.

Quando julgava que um colaborador estava distraído ou supostamente fazendo algo inadequado para o horário de trabalho, o gestor batia o chicote atrás da cadeira. As pessoas ficavam apreensivas e se assustavam quando ele se aproximava delas com o mini chicote na mão. Como era de se esperar, a tal "brincadeira" como dizia ele, não poderia resultar em boa coisa. Ao longo do ano, pessoas da equipe foram afastadas com diagnóstico de crise de ansiedade, problema de pressão alta e taquicardia, além de várias solicitações de desligamento e acusações de assédio moral envolvendo a empresa.

Durante a entrevista para iniciar o processo de coaching, o gestor mostrou-se surpreso com as acusações da equipe. Emocionado, afirmou que as "brincadeiras" demonstravam a sua proximidade com as pessoas. O líder, claramente desprovido de inteligência emocional, submetia a equipe, excedendo limites. Faltava-lhe bom senso, competência emocional e disposição empática essencial à liderança.

"A maioria dos problemas deriva da profunda ignorância sobre a natureza das próprias emoções, e total ausência de empatia em relação à condição do outro". Daniel Goleman

Donald Norman, doutor em filosofia e psicologia e professor de ciência cognitiva, autor do livro *Emotional Design*, fala da funcionalidade de juntar design e emoção e afirma que "as conexões emocionais entre as pessoas são fruto de algo subjetivo, sensorial, inerente ao temperamento de cada indivíduo, podendo influenciar e até mesmo mudar a direção do mundo". As emoções afetam a forma como o líder pensa, sente e interage com as pessoas a sua volta, portanto, uma liderança estável depende de quanto o líder conhece a si mesmo e calibra suas relações interpessoais. A despeito de ser um dos executivos com mais tempo de empresa e preparo técnico, faltava-lhe a maturidade emocional para lidar com a equipe. Líderes emocionalmente maduros são hábeis com as suas emoções e estimulam nos seus colaboradores o espírito de equipe, conseguindo criar uma atmosfera favorável à convivência em grupo.

Cuidado com as emoções não percebidas. Elas seguem caladas, mas não esquecidas. Aprenda a observá-las e nomeá-las.

Lidar efetivamente com as emoções é uma habilidade fundamental da liderança. O artigo *Grandes líderes são pensativos e deliberados, não impulsivos e reativos* da Harvard Business Review, diz que para melhorar a sua capacidade de autogestão emocional, quando você sentir alguma emoção surgindo, observe-a e nomeie-a: impaciência, ansiedade, frustração, raiva? Nomear as emoções – o que os psicólogos chamam de rotulagem – é uma estratégia para se distanciar delas e recuperar o equilíbrio. Além disso, cuidado com os momentos em que você sente que está batendo os calcanhares.

A convicção absoluta de que você está certo e a compulsão de agir são fortes indicadores de que você está sentindo uma sensação de ameaça e perigo. Por fim, é importante fazer a si mesmo duas perguntas-chave em momentos desafiadores: "O que mais poderia ser verdade aqui?" e "Qual é a minha responsabilidade nisso?"

Ao questionar regularmente suas conclusões, você está compensando seu viés de confirmação — o instinto de procurar evidências que apoiem suas crenças. Ao se questionar sobre a sua responsabilidade, você está resistindo ao instinto de culpar os outros e se fazer de vítima para se concentrar na sua capacidade de controlar seu comportamento.

Toda ação gera uma reação, portanto, reações diferentes requerem novas referências de ação. Muitas vezes a mudança que o líder espera ver na sua equipe tem como ponto de partida uma mudança no seu próprio comportamento. A inteligência emocional o capacita não apenas a manejar suas emoções na interação com a equipe, mas também a preservar os limites necessários.

♥

O desequilíbrio emocional rouba do líder a sua dignidade.

Um dos princípios da liderança integral é a percepção honesta que o líder tem de si mesmo e o seu nível de competência emocional. Sempre que o líder toma decisões influenciado por suas emoções, essas decisões correm o risco de ser injustas com aqueles a quem ele deveria apoiar.

A inteligência emocional também responde pela capacidade de adaptação do líder às novas situações, pois permite que ele enfrente as mudanças sem perder o autocontrole, promovendo à equipe bem-estar e segurança psicológica. Com base num estudo produzido pela The School of Life em parceria com a Robert Half sobre Inteligência Emocional e Saúde Mental no Ambiente de Trabalho (AGO/21), organizações emocionalmente inteligentes fazem parte do futuro dos negócios. Contudo, dentro das organizações, as pessoas são o recurso mais valioso e menos compreendido; e a despeito do lucro dos negócios estar associado à mente dos colaboradores, a inteligência emocional e a saúde mental ainda são tabus em muitas empresas. De acordo com a pesquisa, "muitas vezes, a falta de engajamento ou produtividade está relacionada não à falta de habilidades técnicas, mas a questões emocionais".

Quando o líder tem interesse genuíno pelas pessoas e as respeita como são, se conecta com elas em um nível emocional, despertando nelas o desejo de ir além de quem são e da capacidade que possuem. Essa é a essência do líder integral.

Líder "pavio curto" não combina com o novo contexto. Aprenda a fazer do limão uma limonada!

Dependendo de como o líder interpreta os problemas que surgem no seu dia a dia, a liderança pode se transformar em um fardo bastante pesado. Problemas, de modo geral, fazem parte da vida, e na liderança, não são uma exceção. Quanto mais o profissional evolui na sua trilha, maior a complexidade dos problemas que aparecem.

Você tem andado desanimado com os problemas na sua gestão? Acredite, a forma como você os encara faz toda a diferença. Quando você aprende a fazer a gestão das suas emoções e conquista maturidade emocional, passa a encarar as "batatas quentes" que caem no seu colo com mais leveza e positividade. A liderança, em vez de um fardo pesado pode ser vista como um bom desafio, uma oportunidade de ganhar experiência, crescer e amadurecer. Muitas vezes, lidar com as pessoas mais difíceis é uma grande oportunidade de adquirir novas habilidades e dar um passo à frente na sua jornada como líder.

Por exemplo: a reclamação de um cliente pode ser vista, não como um problema, mas uma oportunidade de aprimorar os produtos ou serviços, ou mesmo melhorar a gestão dos processos na sua área. Os conflitos na equipe podem ser considerados como mais um problema a ser resolvido, ou como uma oportunidade de tornar comuns os objetivos e alinhar condutas para estreitar as relações e fortalecer o espírito de equipe.

Dica importante:

A forma como você enxerga as situações diz muito a seu respeito.

Você é do tipo que participa de um evento fantástico e quando alguém da empresa pergunta "o que você achou", responde: "o ar-condicionado não estava na temperatura ideal" ou "o pão de queijo passou do ponto"? Tantos aspectos positivos e "relevantes" a serem explorados do que foi trabalhado no evento e o líder preso à percepção negativa sobre a temperatura do ambiente e à qualidade do *coffee*. O que dizer da capacidade desse líder para analisar e discutir as questões por perspectivas positivas e inteligentes?

Um dos principais recursos do ser humano consiste na capacidade de pensar e de criar a sua própria realidade. A rotina do líder sofre influência direta do modo como ele percebe as situações e as pessoas. Para os líderes que veem as pessoas como um problema, a liderança se tornará um sacrifício, uma cruz a ser carregada diariamente. Se você enxerga em tudo o aspecto negativo, assim também será a sua realidade. Se positiva, idem. Você pode escolher chupar o limão ou transformá-lo em limonada. A escolha, assim como as consequências, serão suas. Foque nas oportunidades e benefícios, não nas dificuldades.

Ter jogo de cintura e não reagir negativamente às situações, ajudará você a desenvolver sua habilidade de autogestão e ser reconhecido pela capacidade de fazer dos limões que surgem, uma boa limonada. Isso na liderança é um grande diferencial. Líderes emocionalmente despertos, empáticos e compassivos são a chave de virada na transição da liderança tradicional para a Liderança Integral. Lembrando que, na esteira da liderança, o mais importante não é o que acontece com você, mas como você reage ao que lhe acontece.

A despeito das emoções fornecerem sinais importantes sobre o que precisa ser gerenciado na relação com as pessoas, alguns líderes ainda as interpretam como ruído, desperdiçando dados valiosos.

Cada pessoa, possui um jeito próprio de lidar com as emoções no ambiente de trabalho: estresse, ansiedade, frustração, raiva etc. Tentar reprimi-las tem um custo, pois priva o líder de informações valiosas sobre a melhor forma de lidar com o comportamento dos seus colaboradores. A esses comportamentos é dado o nome de mecanismos de defesa, conceito criado por Sigmund Freud, conhecido como o pai da psicanálise, e posteriormente aprofundado por sua filha, Anna Freud. O comportamento defensivo está na raiz de muitos dos problemas que o líder tem na relação consigo mesmo e com a equipe, levando-o muitas vezes, a responsabilizar injustamente as pessoas, a rejeitar críticas importantes e a ser dissimulado em vez de honesto. Nas capacitações de lideranças em diversas empresas, percebo que alguns desses comportamentos defensivos recorrentemente se repetem sem que o líder se dê conta. Veja quais são:

Projeção

Reconhece uma emoção negativa, mas em vez de assumi-la como sua, o líder isenta-se da responsabilidade e a atribuí (projeta) à outra pessoa.

Negação

O líder não admitindo que haja um problema, nega-o. Não consegue ver por si mesmo o que está acontecendo bem na sua frente.

Voltar-se contra si mesmo

Aqui, o líder se vê culpado da situação que deu errado e penaliza-se pelo sentimento de incapacidade e de inutilidade por não ter conseguido êxito.

O artigo da Harvard Business School sobre líderes emocionalmente inteligentes, diz que: "A inteligência emocional (IE) é referenciada pelo Fórum Econômico Mundial como uma das dez habilidades para prosperar no novo contexto do trabalho (e, sem dúvida, sustenta as outras nove)". Além disso, de acordo com um grande corpo de pesquisa, é uma habilidade crítica da liderança, pois gera resultados financeiros significativos".

Líderes emocionalmente inteligentes têm consciência do seu impacto sobre os outros. Agora, ciente do impacto da inteligência emocional na sua gestão, você está aberto a ampliar suas perspectivas e fortalecer a sua abordagem?

Pratique as dicas:

Identifique quais **dicas de autogestão** você pode compartilhar com as pessoas para ajudá-las a lidar com seus gatilhos emocionais (reações);

Use o **"contágio emocional"** e a **"conexão empática"** para estimular o pulso emocional da equipe e produzir resultados positivos;

Ajude as pessoas a **redirecionar seus pensamentos** e focar estrategicamente no melhor modo de desempenhar determinada tarefa — por exemplo, se elas estão se sentindo para baixo, guie-as para um estado positivo que gere foco e energia para um desempenho ideal;

Seja sensível ao **pulso emocional** da equipe e exercite a **perspectiva empática,** demonstrando cuidado genuíno com o aspecto humano das pessoas;

Preste atenção ao que é dito e ao que não é dito. **Aprenda a ler as entrelinhas;**

Perceba o que as pessoas estão vivenciando, atente para a **comunicação não verbal:** expressões faciais, postura corporal e voz para ter uma percepção mais clara do que está acontecendo.

Faça uma **gestão aberta e inclusiva** e crie uma **cultura positiva** favorável à tomada de decisão, à resolução de conflitos e ao bom desempenho do grupo;

Promova **"segurança psicológica".** Certifique-se de que as pessoas não tenham medo de falar abertamente o que pensam e cometer erros.

Por fim, frente ao conflito, lembre-se sempre de fazer a si mesmo as duas perguntas-chaves para não cair na tentação de culpar os outros ou se colocar na posição de vítima:

"O que mais pode ser verdade aqui?"
(veja a situação por outra perspectiva)

"Qual a parte que me cabe nessa situação?"
(sua responsabilidade)

♥

Agindo dessa forma, você estará sempre na posição de cavaleiro, com as rédeas da situação nas suas mãos e não ficará refém das emoções. Essa é a medida!

O LÍDER DE PESSOAS: 2ª DIMENSÃO

"Os avanços mais emocionantes do século 21 não ocorrerão por causa da tecnologia, mas por conta de um conceito em expansão do que significa ser humano." John Naisbitt

Apesar da onda disruptiva no contexto do trabalho, alguns líderes ainda insistem em um estilo de gestão pautado no modelo autocrático, pensando com a mesma lógica do passado. Muitos se tornam líderes pela forma como "operam" o negócio. Focados inteiramente em resultado, investem mais tempo e esforço em processos, em vez de pessoas e na contramão das tendências, lideram com **mentalidade operacional** em vez de **estratégica.**

A trilha do líder, de um modo geral, segue o mesmo script: profissionais inteligentes, experientes e bons em tomar decisões são alçados à posição de liderança.

Como esses atributos e competências os levaram a essa posição, muitos deles, no entanto, são tão focados em fazer as coisas funcionar e o negócio dar certo, que estão ocupados demais para perder tempo pensando se como o que eles fazem ou deixam de fazer afeta as pessoas. Quando questionados sobre o que fazem, geralmente, respondem: "eu lidero o departamento financeiro", "eu lidero a área de vendas da empresa" ou "eu lidero a divisão de produtos". Liderança pode significar diversas coisas para pessoas distintas, mas na maioria das vezes está diretamente associada a como as contribuições do profissional impactam os resultados da empresa: "Minha operação nos rendeu $", "Minha estratégia converteu um número X de propostas", "Estruturei uma grande operação que rendeu $." Todo esforço se concentra em provar o valor de um produto ou serviço, pois é isso que determina o valor do profissional. Embora tudo isso seja importante, a experiência mostra que mentes com foco excessivo em números e cifras tendem a minimizar a importância das pessoas na equação.

A despeito de ficar cada vez mais claro que as pessoas não querem mais trocar vida por trabalho, algumas empresas ainda vivem uma grande dicotomia: no discurso, incentivam que as pessoas sejam autênticas, não usem máscaras, sejam quem elas são no trabalho, mas ao mesmo tempo esperam dos líderes que exijam delas a priorização dos resultados a qualquer custo.

A essas empresas, convém implementar a Abordagem Integral se não quiserem perder relevância e competitividade no segmento em que atuam. Resultado antes, pessoas depois é da cartilha da liderança tradicional, hoje, defasada. Na Liderança Integral as pessoas são a prioridade, o resultado é consequência. Acontece, naturalmente, a partir do envolvimento delas.

A liderança focada em pessoas é o novo ouro.

PEOPLE CENTRIC

People centric (pessoas no centro), o conceito surge em resposta ao modelo tradicional de liderança e traz como propósito romper barreiras e abrir caminho para um modelo de gestão menos hierarquizado e mais colaborativo, que ajude a sustentar uma cultura centrada nas pessoas.

Pessoas no centro é um valor declarado para muitas organizações globais como: Marriott, American Express, Apple, Cisco, McDonald's, Ford, Exército dos EUA, além de outras. Na rede hoteleira Hyatt o lema é "Nós nos importamos com as pessoas para que elas possam dar o melhor de si", na Cisco a "cultura consciente" orienta: "Clientes e equipes em primeiro lugar", garantindo um ambiente inclusivo e seguro, com oportunidade e igualdade para todos, onde as pessoas tenham voz, sejam autênticas e tratadas com respeito e dignidade. A filosofia da Marriott é "Se cuidarmos de nosso pessoal, eles cuidarão de nossos clientes e os clientes voltarão". O Exército dos Estados Unidos adotou oficialmente em 2020 a filosofia: "As pessoas primeiro", dizendo que "investir recursos em nossas iniciativas de pessoal é a maneira mais eficaz de cumprir a nossa missão."

Você deve estar se perguntando o por que de tantas organizações de grande porte declararem abertamente sobre esse valor. Porque o que importa para as pessoas é vital para o negócio. Colocar as PESSOAS em primeiro lugar é, portanto, uma estratégia incrivelmente inteligente.

Richard Branson, fundador do The Virgin Group, atribuiu seu sucesso às pessoas. Ele diz: "Quando se trata de sucesso nos negócios, tudo gira em torno de pessoas, pessoas, pessoas". Ele explica que são as pessoas que entregam os resultados.

O artigo da Forbes "examinando as pessoas em primeiro lugar nas organizações" resumiu desta forma: "Os líderes das organizações centradas nas pessoas entendem que são as pessoas que tornam suas empresas bem-sucedidas. Essas empresas percebem que, quando as pessoas se sentem valorizadas e cuidadas, elas realizam seu trabalho com maior motivação, senso de propósito mais forte e nível maior de engajamento. Elas desempenham além de quem são e da capacidade que têm, simplesmente porque querem retribuir o cuidado, contribuindo para o crescimento da empresa que se preocupa com elas."

O problema é que alguns líderes ainda passam mais tempo focados em gerar valor externo do que atendendo ao senso de valor interno das pessoas. E quanto mais ignoram o valor das pessoas, mais elas gastam energia tentando defender seus direitos e valores, ficando com menos energia para gerar valor. Mudar essa mentalidade e transformar comportamentos requer habilidades de gestão, as quais a maioria dos líderes, sem treinamento, não desenvolveram.

♥

Alguns líderes conquistam o título, outros, as pessoas.

As expectativas dos profissionais sobre seus líderes e as empresas em que trabalham mudaram. Os velhos manuais de liderança estão defasados e fadados a desaparecer.

Um estudo da consultoria Gartner, revelou que 82% dos funcionários afirmam que querem ser vistos como uma pessoa inteira no trabalho, não apenas como um funcionário. O **Niagara Institute** aprofundou o tema no guia "The Case for Upskilling: How the pandemia has Exposed Skill Gaps in the Workplace" - ("O caso para upskilling: como a pandemia expôs as lacunas de habilidades no local de trabalho"), destacando como uma mudança significativa nas organizações pressionou a mudança na forma como os líderes envolvem seus colaboradores. As pessoas querem ser lideradas por líderes com perfil ressonante ao que Josh Bersin, referência global em RH, definiu: "Líderes que entendem o que faz as pessoas prosperarem, que impulsionam a criatividade e a solução de problemas na empresa e como podem apoiar as pessoas em tempos de mudança, estresse ou disrupção". O levantamento da Gartner também mostrou que os funcionários que trabalham em empresas centradas no ser humano – onde são vistos como pessoas, não apenas recursos – têm 3,8 vezes mais chances de ter alto desempenho, 3,2 vezes mais chances de permanecer na empresa e 3,1 vezes mais chances de ter baixos níveis de fadiga.

Um líder com mentalidade tradicional se concentra nos resultados e no status a ser conquistado. Por outro lado, líderes com foco em pessoas, têm consciência de que sozinhos não são suficientemente bons e se concentram em desenvolvê-las para que atinjam todo o seu potencial e ajudem a alavancar os resultados. São competentes em motivá-las e engajá-las, garantindo que elas tenham clareza das metas e compreendam a importância delas no negócio.

Isso os torna naturalmente mais influentes. Pense bem: você se sente mais motivado e engajado por ter um líder que faz com que você se sinta apoiado e valorizado ou por ter um líder que se gaba pelo seu resultado ter sido melhor do que os demais líderes da empresa?

Enquanto as PESSOAS nas empresas forem tratados apenas como RECURSOS, os líderes jamais entenderão de GENTE!

Na abordagem integral, os líderes têm o entendimento de que a principal estratégia não é operar resultados, mas capacitar e cuidar das pessoas, pois elas operam os resultados. À medida em que cresce a consciência de que existe um modo melhor de liderar pessoas, os líderes buscam referências e apoio para entender como podem se preparar para esse novo estilo de gestão. Se você está se perguntando como ou por onde começar, vamos em frente!

O valor de um líder centrado em pessoas é inestimável. De acordo com um estudo do Instituto Gallup, "líderes despreparados custam às empresas bilhões de dólares a cada ano". Como vimos, a maioria das pessoas deixam o líder, não a empresa. A boa notícia é que a habilidade de liderança pode ser desenvolvida. Quase todo profissional pode se tornar um bom líder se assim quiser e se preparar para isso, munindo-se dos recursos e das orientações certas. Lembrando que: ter interesse genuíno em pessoas é condição inegociável. Líderes experientes sabem que por trás de negócios bem-sucedidos estão os profissionais competentes que fazem a roda girar e concentram-se em gerar proximidade nas relações interpessoais para aumentar o engajamento e criar um ambiente de trabalho positivo. **Richard Branson** resume bem essa tendência na liderança: **"Cuide de seus funcionários e eles cuidarão de seus negócios."**

Uma pesquisa da Gartner, Inc. (2022) classifica a liderança humana como a próxima evolução do conceito de liderar e aponta que 90% dos funcionários acreditam que, para ter sucesso no ambiente de trabalho atual, os líderes devem se concentrar nos aspectos interpessoais (humanos) da liderança. As novas demandas exigem dos líderes o desenvolvimento rápido de um novo conjunto de competências sociais. As empresas que conseguem enxergar os benefícios de desenvolver líderes mais humanos constatam que as equipes desses líderes apresentam menos rotatividade, maior nível de engajamento e sensação de segurança e bem-estar. Contudo, outra pesquisa do Gartner com quase 3.400 funcionários, também realizada em março de 2022, descobriu que apenas 29% relatam que seu líder é um líder humano.

A pesquisa também identificou três principais qualidades da liderança centrada no fator humano:

Autenticidade: agir com propósito e permitir uma verdadeira expressão de si mesmo;

Empatia: Demonstra cuidado genuíno, respeito e preocupação com o bem-estar dos funcionários;

Flexibilidade: ter disposição para a adaptar as estruturas de trabalho para atender às necessidades únicas dos funcionários.

Por experiência, eu incluo uma quarta qualidade indispensável à liderança: **cuidado. Líder que se importa, cuida.**

A maior parte das nossas vidas passamos trabalhando, precisamos, portanto, nos sentir cuidados no ambiente de trabalho. A percepção de sermos cuidados tem um efeito enorme nas nossas vidas, pois promove senso de pertença, de segurança e impacta profundamente nosso estado emocional, nossa saúde mental, nossa motivação e ajuda a nos definir como indivíduo.

Quanto mais cuidado recebemos, mais clareza temos do nosso valor. O profissional pode entregar os melhores resultados, mas se não demonstra carinho pelas pessoas não dá para promovê-lo a líder. O modo como as pessoas se sentem influencia o seu comportamento e justifica o seu engajamento.

Grandes organizações vêm ampliando a sua definição de cultura, estimulando a cultura emocional com o intuito de criar ambientes de trabalho saudáveis que considerem e acolham as emoções das pessoas.

CULTURA EMOCIONAL

A **cultura emocional** considera a influência das emoções no comportamento dos funcionários. Quando bem administradas, as emoções no ambiente de trabalho podem ser um grande impulsionador da produtividade e do engajamento, mas ignoradas ou reprimidas podem gerar consequências bastante negativas.

O Whole Foods Market, por exemplo, tem princípios de gestão que começam com "love" (amor) e a PepsiCo lista *caring* (cuidado) como seu primeiro princípio orientador. A Zappos também se concentra em "cuidar" como parte de seus valores: "Somos mais do que uma equipe, somos uma família. Cuidamos uns dos outros."

A ideia é estimular políticas e práticas corporativas que promovam maior afeto e cuidado às pessoas. Mas, se você está realmente cuidando das pessoas, você precisa demonstrar esse cuidado por meio de ações. O que significa "cuidar de pessoas" quando se trata de ações?

Ajudando os líderes a fazerem a transição da liderança tradicional para a liderança integral, em que o bom líder precede o bom ser humano, posso afirmar que o naipe de líderes capacitado a cuidar das pessoas **tem em comum algumas características e atitudes específicas que os distinguem dos líderes com mentalidade convencional:**

Humanidade: enxerga o ser humano por trás do crachá;

Prezar pela **integridade e transparência** na relação com as pessoas. Ser honesto sobre o que não sabe;

Ser **acessível** e **colaborativo;**

Investir tempo e energia para **ganhar a confiança** e o **respeito** da equipe;

Desenvolver, desafiar e reconhecer as pessoas de acordo com as suas capacidades;

Dar voz às pessoas e as incentivar a correr riscos;

Se inteirar das **metas e interesses individuais** e oferecer crescimento na carreira;

Ouvir e **considerar a perspectiva da equipe** na tomada de decisão;

Quando o resultado for bem-sucedido, **compartilhar o crédito** com a equipe, quando não, **assumir a responsabilidade.**

Incentivar o **equilíbrio entre vida e trabalho;**

Respeitar as diferenças;

Jamais, sob quaisquer circunstâncias, envergonhar ou expor as pessoas;

Estar atento aos sinais de esgotamento dos colaboradores e oferecer o apoio necessário.

Agora, pensando na relação com a sua equipe, quais destas características e atitudes você naturalmente apresenta e quais você identifica que ainda precisa desenvolver?

Na liderança tudo é uma questão de preferência. Um bom líder, portanto, deve saber estabelecer como prioridade: desafiar, reconhecer e cuidar das pessoas para que elas desempenhem à altura de quem são e da capacidade que têm, pois elas, assim como a empresa, precisam crescer e deve formar a próxima geração de líderes.

Estar centrado no fator humano significa enxergar os colaboradores como pessoas, não como cargos e valorizá-las por suas qualidades individuais, respeitando suas circunstâncias, ouvindo suas necessidades e oferecendo o apoio necessário.

Você estimula as pessoas a compartilhar suas ideias e opiniões? Faz boas perguntas? É um bom ouvinte? Você as ajuda a aprender e oferece a elas oportunidades de experimentar coisas novas? Dá a elas a possibilidade de falhar e inovar em seu trabalho? Você disponibiliza tempo com cada colaborador para saber como eles se sentem em relação ao que estão fazendo? Como eles podem melhorar? Quais habilidades gostariam de desenvolver?

Pergunto: em quais desses aspectos você está credor ou devedor?

Questionadas a seu respeito, o que as pessoas diriam sobre você?

♥

O termo "pessoas" inclui toda a força de trabalho, clientes, fornecedores e a comunidade em geral.

Outro ponto importante: o mundo, como uma roda gigante, gira. Uma hora você estará em cima, outra, embaixo. Lembre-se que os fornecedores também são pessoas que se relacionam com outras pessoas, inclusive com seus clientes e colaboradores. Tratá-los com desrespeito ou descaso, pode prejudicar o resultado do negócio e afetar seriamente a sua reputação e a da empresa. Portanto, independentemente da posição das pessoas: pediu, agradeça. Perguntou, responda. Combinou, honre o combinado. Isso é básico!

Se você não quiser engrossar as estatísticas dos líderes focados apenas em fazer coisas e manter o negócio operante, sem dar a mínima se como o que você faz ou deixa de fazer afeta as pessoas, desista do modelo de gestão tradicional, ultrapassado, que vê as pessoas apenas como um recurso e passe a respeitá-las na sua integralidade. Assim como você também gostaria de ser tratado.

Como dito por Carl Jung: "Conheça todas as teorias, domine todas as técnicas, mas ao tocar uma alma humana, seja apenas outra alma humana". Force a curva e vá além do que já existe. Crie novas regras, concepções e valores e pratique um modelo inclusivo de gestão que considere o ser humano por trás do crachá.

♥

A abordagem integral é a ponte que levará você a um novo patamar da liderança. Ouse!

O LÍDER DO NEGÓCIO: 3ª DIMENSÃO

"Na minha visão, algo de muito errado acontece quando o negócio prospera e as pessoas não. A integralidade consiste, não no privilégio de uma das partes, mas no benefício do todo. Isso é justo."
Programa Liderança Integral

"Não existe mais B2B ou B2C. Agora é H2H: Humano para Humano." O termo H2H criado por Bryan Kramer no seu livro *There Is No B2B or B2c: It's Human to Human,* considera a abordagem focada na relação entre as pessoas como diferencial do negócio. E as empresas que conciliarem sua perspectiva de crescimento econômico com a equidade social e ambiental e gerarem valor compartilhado, estarão mais bem preparadas para lidar com os novos desafios. O discernimento de que o que é importante para as pessoas é vital para o negócio, e que o planeta está ficando sem os recursos para sustentar a população humana, ajudou a moldar uma nova concepção de fazer negócio, uma vez que o modelo antigo de negociação passou do prazo de validade. Isso representa uma mudança radical, pois força as empresas e os líderes a repensarem o modelo subjacente e assumirem o compromisso com a renovação, e isso tem um potencial transformador.

Enquanto muitos acreditam que o mundo caminha a passos largos para o fim dos tempos, eu prefiro acreditar que o mundo, as pessoas e as organizações caminham passo a passo para o despertar de uma "nova consciência". O propósito? Identificar o que, de fato, é relevante para reestabelecer a hierarquia de valores e o senso de prioridade entre Ser, Fazer e Ter. A consciência sobre a importância de ampliar a percepção sobre a forma de fazer negócio cada vez mais vem ganhando força e espaço nas pautas corporativas. Porém, transformar, sobretudo quando envolve mudança de mentalidade e comportamento, exige, além de consciência, tempo.

Em 1997 Charles Handy, um dos criadores da London Business School, em entrevista à revista Leader to Leader, da Fundação Peter Drucker, falou sobre as "empresas com alma", referindo-se à necessidade das organizações assumirem o compromisso de repensar o modelo tradicional de liderança e a forma de gerir pessoas e negócios. Dez anos depois, a fala de Handy, continua atual e alinhada às tendências. A consciência nos negócios está em alta. Tanto as empresas como os profissionais estão cada vez mais comprometidos com o propósito de gerar impacto positivo, considerando nas suas estratégias, além dos lucros, a responsabilidade social e ética. O grande desafio de buscar o equilíbrio entre ganhar dinheiro e fazer a diferença no mundo.

A EMPRESA FAVORITA

As pessoas, de um modo geral, têm suas empresas (marcas) favoritas, das quais preferem comprar ou nas quais gostariam de trabalhar.

Essas empresas têm em comum a reputação de fazer negócios "socialmente conscientes".

São construídas com base em valores melhores para o mundo e orientam seus líderes e colaboradores a fazerem mudanças positivas nas suas áreas de atuação em contribuição à sociedade e ao meio ambiente. De acordo com um levantamento da Grow Ensemble Sustainability in Business, "66% dos consumidores estão dispostos a pagar mais por um produto se a empresa apoiar uma causa social ou ambiental, e 70% dos consumidores millennials desistem de empresas, as quais a forma como conduzem seus negócios não se alinha com suas crenças pessoais." Portanto, não surpreende que empresas comprometidas com "negócios conscientes" cada vez mais apresentem um desempenho acima dos seus concorrentes. À medida que a preocupação com as pessoas e o meio ambiente cresce e as empresas são pressionadas a serem mais responsivas em seus setores, os negócios passam a ser liderados como uma força para o bem.

Um **"Negócio Consciente"** significa que as empresas devem existir por razões além de apenas obter lucro.

♥

Em essência, negócios conscientes consideram o lucro como um meio necessário para atingir seu objetivo, não como um fim em si mesmo.

Assumem o compromisso com a responsabilidade social e ética e englobam práticas que beneficiam os seres humanos e o planeta, tendo como propósito maior melhorar a sociedade e o meio ambiente à sua volta para gerar impacto positivo no mundo.

Para que isso se torne viável, quatro fatores são fundamentais:

Desenvolvimento da liderança	**Cultura consciente**
Criação de valor compartilhado	**Sólida formação de equipe**

DESENVOLVIMENTO DA LIDERANÇA

O desenvolvimento de uma liderança que reconhece o potencial dos negócios para elevar a humanidade por meio de boas práticas é um fator crucial para o sucesso de um negócio consciente.

As organizações humanas são criadas e guiadas por líderes que enxergam um caminho e inspiram outros. Líderes Conscientes entendem e adotam o propósito maior dos negócios. Elevar a humanidade por meio dos negócios começa por saber **"por que" a empresa existe.** Sem isso, o líder não tem bússola para manter o foco no seu norte e influenciar as pessoas a seguirem a sua direção. Esses líderes se concentram na criação de valor e na harmonização dos interesses das partes envolvidas no negócio. Eles reconhecem a importância de criar uma cultura consciente e fazem isso intencionalmente.

Os líderes têm uma grande parcela de responsabilidade na qualidade de vida das pessoas e do ambiente a sua volta. Você já considerou a importância que a sua liderança tem nas decisões para manter o negócio consciente?

Qual o propósito maior (finalidade) da empresa? O "porquê" da sua existência.

O que você faz na sua gestão aproxima o negócio desse propósito maior (finalidade)?

Qual impacto positivo você gera na vida das pessoas ao seu entorno?

Qual impacto positivo você gera no mundo?

CULTURA CONSCIENTE

Todas as empresas têm uma cultura, mas nem todas desenvolvem intencionalmente uma cultura que promova seus valores, princípios e práticas que permeiam o tecido social e a atmosfera do negócio, conectando interesses. **Para estar à frente de um negócio consciente o líder deve ser capaz de:**

Personificar e executar a missão da empresa de forma sustentável, com transparência;

Também nos negócios, a liderança deve ser empática, ter domínio emocional e integridade inquestionável, mesmo em circunstâncias adversas;

A tomada de decisão deve considerar o impacto do negócio na sociedade e no meio ambiente: pensar em como gerar lucro e ao mesmo tempo garantir impacto positivo no mundo;

Disposição para questionar (contestar) orientações que desconsiderem o impacto social e ambiental negativo;

Compromisso inflexível com o bem.

Grandes corporações, durante muito tempo, se beneficiaram (ainda se beneficiam), de um sistema capitalista que recompensa negócios inconscientes, priorizando os lucros e deixando o meio ambiente e a comunidade em segundo plano. Ou seja, marcas que tiveram crescimento e desempenho excepcionais às custas do planeta e das pessoas. Muitos, hoje, testemunham os efeitos e pagam o alto preço. Líderes associados às práticas de negociação inconsciente são extremamente tóxicos para as pessoas e para o planeta.

Avaliando seu compromisso com o tema:

Como você avalia a sua contribuição na construção da cultura consciente?

____

____

____

____

Quais comportamentos e iniciativas o conectam ao propósito da cultura consciente?

____

____

____

____

CRIAÇÃO DE VALOR COMPARTILHADO

As pessoas não estão mais aceitando cegamente o que ouvem. Elas querem saber como a empresa, por meio de seus serviços e produtos, gera mudanças positivas. A criação de valor compartilhado é o novo sistema de gestão que está ajudando a impulsionar um novo estilo de fazer negócio.

A criação de valor compartilhado vai a um nível mais profundo, vinculando a entrega de serviços e produtos com benefícios claramente definidos. À medida que cresce a consciência nos negócios, as empresas são capazes de expandir suas metas sociais e ambientais e gerar impacto cada vez mais positivo no planeta. Para alcançar esse crescimento, devem atuar não apenas para seus acionistas, mas também para sua comunidade, meio ambiente e funcionários. Cada uma das partes interessadas deve desempenhar um papel para manter as empresas cientes de como elas afetam o mundo ao seu redor, comprometidas em compensar e eliminar qualquer dano que causem.

Antes mesmo de pensar nas estratégias, os líderes, tomadores de decisão, precisam saber responder:

Qual o propósito deste projeto?

____

____

____

____

Este projeto considera os interesses da comunidade?

( ) sim
( ) não

Preserva o meio ambiente?

( ) sim
( ) não

Os interesses e as necessidades das partes envolvidas estão contemplados neste projeto?

( ) sim
( ) não

O negócio será benéfico para todas as partes?

( ) sim
( ) não

Segundo Michael E. Porter, diretor do Institute for Strategy and Competitiveness, da Harvard Business School, conceituado especialista em estratégia: "Gerar valor compartilhado é uma nova forma de obter sucesso econômico, e talvez seja a próxima onda do crescimento mundial movida pela transformação no pensamento administrativo". Em economias avançadas, a demanda de produtos e serviços que atendem às necessidades da sociedade vem crescendo rapidamente. O grande salto acontece nas áreas em que a empresa tem condições de gerar benefícios e fazer a diferença. E todas as empresas, a despeito do segmento em que atuam, podem e devem se comprometer com a geração de valor compartilhado.

Por exemplo: as empresas de saúde podem facilitar o acesso a tratamentos médicos, promovendo cuidados preventivos ou ajudando a resolver crises de saúde pública; no setor agrícola e alimentício as empresas podem ajudar os pequenos agricultores a desenvolverem métodos mais sustentáveis e melhorar seus rendimentos. Escolas e instituições podem tornar a educação mais acessível aos grupos minoritários e à população carente. Os bancos e as instituições financeiras podem oferecer produtos e serviços adaptados que atendam às necessidades locais.

Independentemente do setor em que a empresa atua, o mais importante é que em cada etapa do negócio exista a crença compartilhada de que há sempre um propósito maior por trás do lucro.

Embora as empresas com fins lucrativos precisem de lucro para sobreviver, a forma como o lucro é conquistado faz toda a diferença. O compromisso dos líderes com a criação das condições ideais para que as estratégias sejam bem-sucedidas é fundamental.

SÓLIDA FORMAÇÃO DE EQUIPE

A consciência nos negócios contribui também para aumentar o nível de satisfação e o engajamento no ambiente de trabalho. Os profissionais costumam ser mais felizes em corporações socialmente responsáveis.

Os profissionais (e os clientes) são mais propensos a apoiar empresas com práticas alinhadas aos seus próprios valores. Quando os líderes tratam seus colaboradores com respeito e reconhecem o valor da contribuição deles, eles desenvolvem um vínculo com o trabalho que vai além da remuneração financeira, se engajam com mais facilidade, apresentam melhor desempenho, e costumam permanecer na empresa por mais tempo. Também reconhecem e valorizam a integridade e a transparência do líder nas transações, como princípios básicos de um negócio consciente.

Líderes com experiência em formar equipes sólidas, têm em comum algumas características:

Têm visão ampla do negócio e priorizam as funções estratégicas, delegando à equipe as operacionais;

São a favor do ganha-ganha. Consideram nos acordos de trabalho os interesses do negócio, mas também das pessoas;

Acreditam na força da "inteligência coletiva", pois entendem que os talentos e habilidades da equipe somados aos seus potencializam os resultados.

Tomam decisões difíceis com integridade, pois seus valores se conectam aos valores da empresa e suas decisões não ameaçam a cultura do negócio.

São autênticos e prezam pela transparência na comunicação com a equipe que retribui com respeito e confiança na sua gestão.

Considerando que:

Nada é tão perfeito que não possa ser melhorado: Em quais desses aspectos você acredita que pode melhorar a sua atuação?

Uma meta sem um plano é só um desejo: Com quais ações você se compromete como oportunidade de aprimoramento dos aspectos identificados?

Dica importante:

Negócios conscientes permitem que as empresas operem de modo sustentável e prosperem sem causar dano ao seu redor. Apoiar empresas conscientes tem um efeito cascata positivo. Ao adquirir produtos e serviços como um consumidor consciente, você está favorecendo um sistema no qual essas empresas podem competir efetivamente em seus respectivos setores e garantir que elas possam continuar beneficiando as pessoas e o meio ambiente.

Dignidade é colocar os valores humanos acima dos valores legais.

A experiência adquirida ao longo de quase duas décadas trabalhando com líderes me permite dizer que, quando você coloca as pessoas em primeiro lugar, recebe-se não apenas recompensa financeira, mas também o reconhecimento e a retribuição delas. O que você faz por elas, de alguma forma, em algum momento, recebe de volta.

Na dimensão dos negócios, líderes eficazes são pessoas de caráter e disposição diferenciados, capazes de associar o propósito maior à habilidade de inspirar as pessoas por meio desse propósito.

Têm firmeza moral, pensam no outro e não se interessam por mostrar-se sabedor de tudo. Peter Drucker, filósofo de gestão, contemporâneo e amigo de Handy, dizia que os líderes de empresas têm muito a aprender sobre automotivação, espírito de equipe, altruísmo e amor a uma causa com os líderes de organizações do terceiro setor. Assino embaixo.

Um líder interessado em trabalhar com responsabilidade social deve, no mínimo, conjugar sua técnica à solidariedade, ao senso de cidadania e ao forte desejo de dar uma "contribuição especial ao mundo", para fazer dele um lugar melhor para se viver.

Mencionei no início deste capítulo a importância de ampliar a consciência sobre a concepção da forma de fazer negócio. Não por acaso, me deparei no LinkedIn com esse texto da Vicky Bloch, fundadora da Vicky Bloch Associados e professora do IBGC, da FIA para o Valor Econômico: "A ganância e o limite entre o bem e o mal nas empresas". Sincronicidade incrível. Compartilho com você como ponto de reflexão sobre o propósito maior dos "negócios conscientes": concentrar-se no resgate do que, de fato, é relevante no contexto que estamos vivendo. Espero que, assim como aconteceu comigo, a leitura enriqueça a sua percepção e amplie a sua consciência sobre a hierarquia de valores e o senso de prioridade em referência ao Ser, ao Fazer e ao Ter.

"A ganância por poder, dinheiro e sucesso sempre mobilizou as pessoas pelo mundo. Não que o desejo pelo sucesso ou por ganhar dinheiro seja ilegítimo, ao contrário."

Esse é quase um desejo universal do ser humano. A diferença consiste no fato que, enquanto a ambição é focada nas metas que se deseja atingir, direcionando seus objetivos a si mesmo, a ganância é querer ter o que é do outro, é ser mais ou melhor que o outro, é não ter escrúpulos para atingir suas conquistas. É obter valores e poder a partir do esforço do próximo. As notícias recentes de escândalos empresariais somadas a algumas séries baseadas em casos reais que assisti, me fizeram refletir sobre essa característica do ser humano que o coloca frequentemente no limite entre o bem e o mal.

Lideranças com grande poder de influência no ambiente de negócios, que deveriam ser as guardiãs do comportamento humano, toleram ou realizam ações antiéticas que as desviam de sua missão e as colocam no sentido oposto ao que deveriam estar impactando negativamente indivíduos, empresas e a sociedade.

Em seu livro *A psicologia financeira: Lições atemporais sobre fortuna, ganância e felicidade*, o norte-americano Morgan Housel, sócio de uma empresa de capital de risco, faz o alerta: parem de buscar a chave para o sucesso financeiro a partir da jornada dos mais ricos e bem-sucedidos do mundo. O mais importante, segundo ele, é olhar para si mesmo e para suas habilidades emocionais. O livro, lançado no Brasil em 2021, se tornou uma grande referência mundial. Para o autor, a forma como administramos nossa vida financeira é reflexo de nossas aspirações sociais, história pessoal, dinâmica familiar, autoestima, ganância e medo.

Você pode ser um gênio financeiro, com doutorado em

economia, mas se não conseguir controlar a ganância e o medo, esse conhecimento não vai fazer nenhuma diferença.

A ganância cega para o risco e para os efeitos colaterais de suas ações.

Em uma entrevista sobre os comportamentos esperados dos CEOs na atualidade, respondi que os comportamentos incoerentes que temos assistido nos últimos tempos mostram que as competências necessárias para as lideranças vão muito além de acompanhar as transformações tecnológicas e a complexidade de cenários, ter rapidez na tomada de decisão entre outros.

Agir com ética e responsabilidade, postura que deveria ser *default* para qualquer executivo e também para se conviver em sociedade, ainda precisa ser fortemente pontuada e cobrada. Não estou acusando ou julgando algum caso específico, até porque este não é meu papel.

Mas ainda sonho em ver um mundo de negócios norteado por uma construção positiva baseada na ética, na transparência e na coerência.

Discursos bonitos sobre gestão, ESG e diversidade, por exemplo, precisam ter base em ações concretas, em intenções reais, em desejo efetivo de mudança. No ambiente profissional, ter atitudes gananciosas e antiéticas - ou simplesmente fechar os olhos para elas – representa uma fraude não apenas do ponto de vista legal, contábil e financeiro. Significa também fraudar a relação com o próximo e consigo mesmo. Significa falhar em sua missão como cidadão. No alvo!

LIDERANÇA É EXEMPLO

CAPÍTULO IV

"Se a palavra ilustra, o exemplo arrasta. Na liderança, mais do que de críticas e bons conselhos, o que as pessoas, de fato, precisam é de bons exemplos para seguir." ***Programa Liderança Integral***

Um dos primeiros e o mais importante aprendizado da liderança é: ao usar o chapéu de líder, suas ações falarão bem mais alto que as suas palavras.

Você pode pregar todos os dias sobre a importância da dedicação, da colaboração e da integridade no trabalho, mas se não estiver apto a praticá-las, suas palavras terão sido em vão. Liderar pelo exemplo não é a melhor forma de liderar, é a única. Portanto, goste ou não, o líder estará sempre liderando pelo exemplo.

Na liderança, você precisa estar ciente de que suas ações, sejam positivas ou negativas, inspirarão os outros e os seus movimentos estarão sob observação. Como Kim Scott escreveu no seu livro *Radical Candor* (Franqueza Radical), "De certo modo, tornar-se um líder é como ser preso. Tudo o que você disser ou fizer poderá ser usado contra você."

Liderar pelo exemplo

A inspiração vem do exemplo, não do discurso. Não é honesto o líder exigir da equipe aquilo que ele mesmo não é capaz de fazer.

O sentido de liderar vai além de cumprir obrigações, dar ordens e fazer discursos bonitos. O propósito é mais nobre e oferece uma perspectiva mais ampla quanto à influência das ações do líder na formação dos seus colaboradores. Isso justifica o porquê as pessoas respeitam determinados líderes e acatam sem resistência suas orientações e determinações, enquanto outros não conseguem o mesmo êxito.

♥

Liderar pelo exemplo significa liderar através das suas próprias ações, em vez de apenas dar ordens e esperar que os outros as sigam.

Quando um líder faz junto, mostra aos seus colaboradores como fazer, isso ajuda as pessoas a se sentirem mais motivadas e engajadas e trabalharem melhor. Estudos mostram que quando os professores em sala de aula lideram pelo exemplo os alunos tendem a reproduzir seus comportamentos e o índice de aprendizagem comprovadamente aumenta. Assim, a liderança pelo exemplo não é apenas uma questão de comportamento ético, mas também uma questão de eficácia, de resultados. Isso ratifica que a principal ferramenta do líder na gestão de pessoas é o seu próprio exemplo.

Apesar de estratégica, a liderança pelo exemplo é difícil de ser colocada em prática. O motivo é simples: muitos líderes se dispõem a dizer à equipe como devem agir, antes de falar e mostrar como se faz.

Ao dar o exemplo com o seu comportamento, mostra à equipe que segue à risca o que indica, mas nem todos se submetem a fazer o mesmo e seguem por um caminho contrário. Depois de muito ouvir e observar, o que fica com as pessoas são as imagens do que vale a pena ser reproduzido. Mas, é difícil reproduzir aquilo que elas não conhecem.

O líder, por meio das suas ações, deve mostrar o comportamento que espera ver na equipe e a mudança que deseja causar, provocando nos seus colaboradores o desejo de reproduzi-las pelo valor que percebem nelas.

Neste capítulo, exploraremos o conceito de liderar pelo exemplo e por que ele é fundamental para uma liderança eficaz. Veremos exemplos de líderes bem-sucedidos, que lideram pelo exemplo, e abordaremos estratégias práticas que ajudarão você a incorporar esse estilo de liderança.

Faça o que eu digo, mas, principalmente o que eu faço. Esse deve ser o princípio da liderança. Fazer valer a convergência entre o falar e o agir, que alinhado ao conceito do *walk the talk,* na tradução literal: "colocar as palavras para andar". Ou seja, praticar o que fala, sem se limitar ao discurso "politicamente correto", como fazem alguns líderes. Liderar pelo exemplo tem tudo a ver com autenticidade; a garantia de que os líderes efetivamente estejam "fazendo o que falam", que não estejam apenas dizendo as coisas certas, mas praticando-as. Liderar pelo exemplo não é a melhor forma de liderar, é a única. Por meio das suas ações, os líderes podem mostrar às pessoas seus valores e qualidades para inspira-las a segui-lo. As pessoas são atraídas por líderes melhores do que elas. John Maxwell no livro *As 21 Irrefutáveis Leis da Liderança*, diz que "as pessoas não seguem os líderes por acaso. Seguem aqueles cuja liderança é respeitada e admirada. Se elas o admiram e respeitam como pessoas, elas o seguem, não por força do título, mas por convicção própria delas."

Na condição de força psicológica, a liderança passa claramente pelo contexto da influência.

A Liderança não é apenas uma posição a ser conquistada. É um conjunto de habilidades a ser desenvolvido com o objetivo de tonar o líder uma referência para as pessoas a quem lidera. Lidera, no sentido amplo do termo, quem consegue influenciar. Segundo Chiavenato "uma transação interpessoal na qual uma pessoa age de forma a modificar o comportamento de outra, de modo intencional".

Há uma estreita ligação entre liderança e influência, pois o primeiro passo para consolidar uma liderança orgânica e consciente se refere à capacidade do líder de despertar nas pessoas o desejo de seguir seu exemplo. O líder deve servir de referência para que a equipe tenha em quem se espelhar, e quando consegue construir uma imagem sólida, e relações de confiança, todos ao seu entorno se beneficiam desse posicionamento.

Um exemplo clássico é o caso do Lee Iacocca, quando na posição de CEO da Chrysler, pela própria imagem, conseguiu agregar valor ao produto que representava, revertendo o viés de baixa da empresa: "A Chrysler na década de 80 estava padecendo até que Lee Iacocca (CEO) colocou o seu capacete e começou ele mesmo a fazer os comerciais da empresa. De uma hora para outra as pessoas estavam falando: "Lee Iacocca é um homem de compromisso, integridade e visão. Acho que vou comprar um Chrysler." Ele basicamente personificou uma reviravolta e mudou o rumo dos negócios.

Na visão de Warren Bennis "Líderes são pessoas que sabem o que querem, por que querem, com capacidade para se expressar plenamente e comunicar isso aos demais a fim de obter a cooperação e o apoio deles". Uma posição de liderança exigirá do profissional muito mais do que sua formação técnica.

Um líder deve trazer habilidades e características pessoais que o distinga como gestor de pessoas e do negócio.

Nesse contexto, o líder integral ganha um lugar de destaque no mundo dos negócios e na sociedade de modo geral. Sua credibilidade é respeitada por aqueles que enxergam seus valores e respeitam a sua capacidade de liderança, reconhecendo sua excelência pelo modo como mobiliza as pessoas, inspirando-as a desempenhar no "melhor de si". A abordagem integral confirma a importância do desenvolvimento de competências essenciais à formação do caráter profissional dos líderes na condição de formadores de novos líderes. Esse movimento faz com que ações simples do dia a dia se transformem em inspiração, um exemplo a ser seguido. Mas, no contraponto do que deveria ser, a realidade, hoje, nas empresas é que há muitas pessoas navegando sem rumo por falta de referência em quem se espelhar. Uma constatação que compromete a eficácia da gestão, pois sem referência muitos profissionais executam suas funções no piloto automático sem clareza sobre o que, realmente, querem e o aonde podem chegar.

Vamos pensar em um exemplo prático. Imagine que você está na piscina com o seu pai e ele está ensinando você a nadar. Ele poderia apenas dizer para você pular na piscina e começar a bater as pernas e os braços, mas, em vez disso, ele mostra como dar o impulso e coordenar o movimento dos braços e pernas com a respiração. Ele o segura por baixo, para ajudar você a boiar e treinar os movimentos, encorajando-o enquanto você ganha confiança para seguir em frente. Ele não apenas diz a você o que fazer; ele mostra como deve ser feito e o encoraja. E conforme ele dá o exemplo, você vai ganhando confiança e acredita que também pode fazer o mesmo. Com essa referência em mente, é apenas uma questão de tempo para você conseguir nadar sozinho.

Ele não apenas disse a você o que fazer; ele demonstrou como com as suas próprias ações. Isso é liderar pelo exemplo.

Do mesmo modo os líderes de equipes que lideram pelo exemplo não apenas dizem aos seus colaboradores o que fazer; eles mostram com suas próprias ações como fazê-lo. Assim como o pai, o líder de pessoas precisa modelar o comportamento que deseja ver na equipe. Por exemplo, se você deseja que as pessoas se comuniquem de forma construtiva ou mantenha a calma sob pressão, eles precisam ver você se comportar dessa maneira. Não fale, mostre.

O exemplo é uma ferramenta poderosa que inspira e motiva a sua equipe a alcançar sua grandeza. Mas requer grandeza de você também. Você consegue despertar nas pessoas o desejo de seguir seu exemplo?

Com base nesse questionamento, fizemos uma pesquisa pelo Núcleo de Desenvolvimento Humano com 170 profissionais de vários segmentos e empresas, os quais passaram pela mentoria em liderança e gestão estratégicas e identificamos quatro aspectos mais demandados na construção de um referencial forte de liderança:

Relacionamento

De acordo com o artigo da Forbes, *Como ser um bom líder: foco em relações, não em tarefas:* “A moeda mais valiosa dentro de um ecossistema corporativo são os relacionamentos. E, para profissionais com aspirações de liderança, desenvolver a capacidade de cultivar e manter relacionamentos é algo extremamente importante”.

O líder exerce uma grande influência na dinâmica das relações de trabalho. A qualidade do seu relacionamento com as pessoas desempenha um papel fundamental na criação de um clima saudável e seguro e influencia diretamente o desempenho individual e do grupo. Isso tem impacto direto no engajamento da equipe e na retenção de talentos. Difícil ser exemplo se no relacionamento com seus colaboradores não houver confiança, transparência e respeito.

De acordo com o artigo, "As pessoas estão muito mais motivadas a compartilhar informações ou ir mais longe por alguém que conhecem e gostam. Logo, dedicar um tempo para cultivar relacionamentos genuínos não é um luxo supérfluo. Muito pelo contrário, é um elemento crítico para o sucesso em um mercado de trabalho cada vez mais transacional que oferece oportunidades raras de conexão genuína". De muitas formas, a pandemia reforçou que os relacionamentos e as pessoas devem estar em primeiro lugar, e os melhores líderes entendem e levam isso muito a sério.

Orientação e apoio para crescer na carreira

Diz o ditado que "cobra que não muda de pele tem como destino a morte". Fato! Em tempos de aprendizado contínuo, fica cada vez mais claro que os profissionais querem que as suas prioridades sejam atendidas nos novos acordos de trabalho. Obter orientação e apoio do líder para crescimento na carreira é uma delas.

♥

O profissional espera do líder disposição para orientá-lo e apoiá-lo nas suas metas de carreira.

Qual o investimento de tempo e as estratégias que o líder disporá para apoiar o colaborador a se desenvolver e crescer na sua carreira? Um líder centrado em pessoas não apenas procura se aprimorar, como também dedica tempo e energia para ajudar os outros a evoluir.

Compartilhar conhecimento, promover treinamentos e trocas de experiência, são aspectos que contam como moeda de troca na relação do líder com as pessoas a quem lidera. O combinado não sai caro. O líder deve estar atento ao que os colaboradores querem aprender para fornecer *feedback* construtivo e enxergar falhas como oportunidades de aprendizagem.

Como disse Richard Branson, fundador do Grupo Virgin: "Você não aprende a andar seguindo regras. Você aprende tentando e caindo".

Justiça

Justiça é a principal virtude. Promoções por politicagem, não por mérito, favoritismo, boatos sem fundamento, chefe que rouba a cena e leva o crédito, preconceito e discriminação. Como em todo mundo, no ambiente de trabalho líderes injustos e sem escrúpulos também prosperam.

Mas, quando se trata de ser exemplo, uma coisa é certa: as pessoas relevam falhas técnicas, de caráter, difíceis de superar. Justiça, na condição de principal virtude, é uma força de caráter cada vez mais exigida nas relações de trabalho. Você se sentiria bem trabalhando com um líder em quem você não confia? Não apenas você, ninguém.

O líder, mais do que qualquer outro, precisa zelar pelo seu caráter e ser justo nas suas relações para ser capaz de gerar influência e liderar as pessoas pelo exemplo.

Ser um líder justo significa ser íntegro, imparcial com todos, não praticar abuso de poder, respeitar os direitos humanos das pessoas e acolher as diferenças. A liderança justa nem sempre é o caminho mais fácil, mas certamente é o mais honesto e recompensador. Portanto, a justiça deve guiar qualquer decisão e discussão. Tenha uma forte bússola moral, valores fundamentais e acredite firmemente que tudo o que vai, volta. Sabendo que: quem acoberta o lobo, sacrifica a ovelha.

Escuta de mentoria:

Carl Gustav Jung dizia: "Percebemos nos outros as outras mil facetas de nós mesmos". Durante um programa de desenvolvimento de lideranças em uma multinacional, reparei que um dos um líderes falava bastante do comportamento da equipe dele.

Sempre que comentava sobre as dificuldades com a equipe, reforçava: "Eles são agressivos ao falar e também muito competitivos, não conseguem trabalhar bem em equipe." Diante do quadro – com base apenas nessa versão, passei a me perguntar de onde vinha a referência ou a falta dela para que a equipe se comportasse daquele modo.

Ao longo do treinamento, nas dinâmicas em grupo, logo percebi a dificuldade dele na interação com os demais líderes. Dividi a turma em grupos e propus uma dinâmica para trabalhar o conceito de colaboração e logo percebi que ele interagia pouco com as pessoas do grupo. Isso me permitiu fazer uma leitura mais minuciosa de algumas reações defensivas que mostravam sua competitividade e, às vezes, até agressividade quando exposto a situações que conflitavam com seus interesses.

Depois das trocas entre os grupos, ficou claro que o seu próprio comportamento incitava as pessoas a competirem entre si: "E ai... vai deixar teu vizinho de mesa levar fácil? Não vai reagir?" Essa era a sua forma de "motivar" as pessoas. Ele mesmo, sem se dar conta, estimulava a competição na equipe, mas não enxergava isso. Quando o líder age assim, as pessoas respondem de duas maneiras: reproduzindo ou reprovando o seu exemplo.

Aqueles que respondiam ao estímulo agiam da mesma maneira, aqueles que não conseguiam reproduzir o mesmo comportamento ou se desligavam da empresa — o *turnover* nesse setor era alto, ou pagavam o preço por não espelharem o exemplo do líder. Apesar de não perceber, o líder neste caso, era o principal responsável pela competitividade e agressividade na equipe, da qual ele mesmo reclamava. Ele era a referência, a equipe apenas o reflexo.

♥

Fazer o exercício de sair da sua própria perspectiva e ver as coisas de um novo ângulo pode ser surpreendentemente valioso ao líder.

Ainda que a liderança siga padrões sociais e responda por um valor do grupo, muitas vezes quem é líder para uma pessoa, não necessariamente é para outra, pois as percepções sobre o que vale a pena ser seguido podem ser distintas e passam pelo crivo de valores e princípios pessoais. Mas, o fato é que influenciamos muito mais pelo que somos do que pelo que falamos. Também é importante reconhecer que liderar pelo exemplo é um processo contínuo. Você nem sempre acertará e haverá momentos em que ficará aquém de suas próprias expectativas. Mas, estando ciente dos comportamentos que mais importam e fazendo um esforço consciente para incorporá-los, você poderá melhorar continuamente, tornando-se um líder cada vez mais eficaz ao longo do tempo. Lembrando que, mais do que de críticas e bons conselhos, o que as pessoas mais precisam é de bons exemplos para seguir!

ÉTICA: UM CAPÍTULO À PARTE NA VIDA DO LÍDER

CAPÍTULO V

"Cada homem leva os limites de seu próprio campo de visão para os limites do mundo". Schopenhauer

"O errado é errado mesmo que todos estejam fazendo e o certo é o certo mesmo que ninguém esteja fazendo. Princípios são dominantes nas ações. Os valores presentes no discurso do líder devem ser percebidos nas suas ações, pois servirão de exemplo de conduta ética. E na liderança, as pessoas podem até duvidar do que você diz, mas elas reproduzirão o que você faz." Programa Liderança Integral

♥

Liderança e ética, obrigatoriamente, devem andar de mãos dadas.

"Ética é o conjunto de valores e princípios que usamos para responder a três grandes questões da vida: Eu quero? Eu devo? Eu posso? Nem tudo que eu quero eu posso; nem tudo que eu posso eu devo; e nem tudo que eu devo eu quero. Você tem paz de espírito quando aquilo que você quer é, ao mesmo tempo, o que você pode e o que você deve". Esta definição do Mário Sérgio Cortella representa bem o que eu acredito ser o verdadeiro sentido de ser ético. A ética considera como conceito: "os princípios morais que guiam o comportamento de uma pessoa ou de um grupo". Para conseguirmos viver em grupo de forma harmônica, precisamos de ética, e isso ganha força quando falamos de ambiente de trabalho. Para que uma empresa seja bem-sucedida, seus valores precisam estar devidamente alinhados com os dos seus líderes e colaboradores. Na liderança, a ética pode ser compreendida como o compromisso do líder com o seu desenvolvimento moral e com a conduta virtuosa. E como um processo de influência, está relacionada aos valores e atributos pessoais do líder como a honestidade, a confiabilidade e o senso de justiça. A consciência dos princípios e valores pelo ponto de vista do profissional e da empresa, servem de referência frente aos impasses éticos nos conflitos de trabalho. Afinal, qual a margem de segurança para transitar nessa esfera tão delicada sem ferir suscetibilidades e comprometer a credibilidade?

É no caráter das suas ações que o líder se declara integral.

Líderes éticos expressam seu caráter ético pelo alinhamento entre suas palavras e ações dentro e fora do local de trabalho. Ter integridade, o pilar central da abordagem integral, e fazer o que é certo é a essência de um líder ético, que não se cega às irregularidades, mesmo quando poderia se beneficiar delas.

E é justamente essa conduta que os situa como exemplo para toda a empresa. Como disse Heather R. Younger, fundadora e CEO da Employee Fanatix: "O mantra do líder ético é fazer a coisa certa, mesmo quando dói". À medida em que cresce a interação entre as pessoas no ambiente de trabalho, aumenta também a necessidade de exercer a civilidade nas trocas interpessoais. E nesse movimento, cabe a cada um a sua parcela de responsabilidade quanto à disposição para construir conexões mais humanas pautadas no respeito mútuo. A condição de ser ético oferece controvérsias e desafios constantes. "Somos quase éticos, mas não totalmente".

Na visão de Ronald Howard/Clinton Korver: "Dificilmente se passa um dia sem que sejamos tentados a comprometer a nossa ética. Algumas vezes determinados conflitos de interesse nos fazem agir de modo incompatível com nossos verdadeiros valores e crenças. A ética visa garantir que as nossas atitudes ofereçam benefícios de forma geral ao ambiente onde vivemos e às pessoas com quem convivemos, além dos nossos próprios interesses. Antes de tudo e em qualquer circunstância, deve ser preservada a integridade no modo como pensamos e agimos, em consideração a todos com quem direta ou indiretamente interagimos.

À medida que nos tornamos capazes de acatar o ponto de vista do outro como justo, independentemente de ser divergente ao nosso, contribuímos para a construção de relações mais honestas no ambiente de trabalho, pois a ética desprovida do senso de justiça é tão nula quanto à fé sem realização.

♥

Se as competências abrem portas, o caráter pode fechá-las.

Fred Kofman, consultor em liderança e cultura. PhD. em Economia pela Universidade da Califórnia, diz que: "Quando vale tudo na relação entre as pessoas, os valores ficam comprometidos. A integridade subordinada ao êxito é uma contradição em seus próprios termos: ou a ética prima sobre a pragmática ou não é ética."

Ética na liderança

Quando falamos de ética na liderança, referenciamos de pronto o caráter do líder nas suas relações. Se ele age com transparência, compromete-se com o outro e honra seus acordos. A despeito de todo o conhecimento teórico sobre o tema, a dificuldade de alguns líderes compreenderem a natureza dos aspectos subjetivo (integridade humana) nas relações de trabalho, os torna reféns da sua própria incapacidade de deliberar sobre o que cabe como certo e errado. Matthew Kelly, fundador da Floyd Consulting e autor de The Culture Solution (Blue Sparrow Books), disse: "O que costumava ser universalmente aceito como bom e verdadeiro, certo e justo, agora está em debate considerável. Esse ambiente de relativismo se torna muito difícil para os líderes referenciados em valores".

Os princípios e valores devem sempre servir de norte frente aos impasses éticos nas relações de trabalho.

Antes de se posicionar, o líder deve perceber como suas decisões podem afetar a vida das pessoas no seu entorno, avaliando se suas decisões privilegiam, também, o senso comum.

Se a ética tem como finalidade equilibrar as relações, conjugar interesses deve ser o ponto de partida. Ninguém é melhor do que ninguém. Mas alguns se destacam pelo seu caráter e outros pela falta dele. Cada deslize de conduta arranha a imagem, afeta a credibilidade e põe em risco a reputação e a influência do líder na gestão das pessoas e do negócio.

Escuta de mentoria:

Conduzindo uma Escola de Líderes para lideranças do agronegócio, trabalhei o conceito de ética como uma dos pilares centrais da Liderança Integral. No intervalo, uma profissional que estava substituindo há três meses seu líder, afastado por licença médica, perguntou se eu poderia ajudá-la com um tema delicado. "Desde que eu assumi interinamente a função enquanto ele se recupera, compartilho tudo o que acontece com ele. Por várias vezes eu o propus soluções alternativas para demandas que surgiram. O problema é que ele aprova, diz para eu seguir adiante, mas, apesar da ideia ser minha, nunca recebo o crédito. Ele comenta com outros líderes e fica como se a ideia fosse dele. Entendo que ele é o meu chefe, mas, poxa, as ideias são minhas. Não acho justo ele se apropriar delas enquanto recebe os elogios e me deixa de fora. Tenho receio de que se eu falar alguma coisa sobre isso, como ele é muito vaidoso e centralizador, pode me prejudicar. Já o vi expor pessoas da equipe que o confrontaram por coisas "erradas" que ele fazia.

Mas confesso que eu estou bastante angustiada e desmotivada. O que você me orienta a fazer?"

Lamentavelmente, esse tipo de evento nos ambientes de trabalho é mais comum do que se imagina. E dependendo do senso de ética e do tamanho do "ego" do líder, a situação é mais complexa ainda. Já houve casos de pessoas que foram demitidas por reclamar com colegas, a história vazar e chegar aos ouvidos do líder. Questões que evocam o caráter envolvem grandeza pessoal. Entende o "porquê" do bom ser humano preceder o bom líder? Esse também é um exemplo clássico de liderança autocrática.

A falta de ética do líder na relação com a equipe abre espaço para a liderança tóxica. Os reflexos desse estilo de gestão, atingem não só as pessoas, mas também nos resultados do negócio. O pior é que esse tipo de conduta ainda é bastante recorrente em algumas empresas.

Um recorde de 97% dos executivos de negócios e funcionários no Relatório Global de Integridade EY 2022 concordam que integridade é importante.

♥

É crescente o investimento em treinamentos de integridade e a publicação de declarações de valores organizacionais e códigos de conduta.

Respondendo às expectativas da sociedade, as empresas também estão adotando padrões de responsabilidade corporativa e social e medidas ambientais, sociais e de governança (ESG), que mostram seu compromisso com essas expectativas e tendências. Mas, a despeito da importância de manter padrões éticos na liderança, com base no relatório, "apenas 33% dos entrevistados acham que o comportamento ético é uma parte importante da integridade e mais de 50% dizem que os padrões de integridade no negócio permaneceram o mesmo ou pioraram nos últimos meses". Fica o questionamento, como pretender ser íntegro sem ser integral?

Dica importante:

Uma das principais lacunas nas relações de trabalho é a busca por conexão com lideranças éticas e confiáveis. Se você quiser aprender como a teoria ética se aplica à administração moderna, consulte as obras de Peter Drucker, um dos escritores mais lidos em todos os tempos na área de negócios. Drucker defendeu a gestão criativa em vez da burocrática, na qual os líderes tratam sua equipe com respeito e os fazem sentir valorizados, incentivam a colaboração e a inovação e tomam decisões de negócios socialmente conscientes. O Gestor Eficaz é uma de suas obras mais importantes e até hoje o livro é um sucesso de vendas. Que tal começar seus estudos por ele?

Matthew Kelly, fundador da Floyd Consulting e autor de *The Culture Solution* (Blue Sparrow Books, 2019). disse: "O que costumava ser universalmente aceito como bom e verdadeiro, certo e justo, agora está em debate considerável. Esse ambiente de relativismo torna muito difícil para os líderes baseados em valores". Na construção de posicionamentos mais éticos na liderança, é preciso trazer luz a algumas questões relativas à contribuição do líder que o torna merecedor do respeito daqueles a quem lidera. Sobre esse aspecto, como você imagina que as pessoas avaliam o seu compromisso com a ética na liderança?

A ética da liderança deve começar de cima para baixo. As pessoas veem o comportamento, os valores e as escolhas do líder e os reproduzem. Isso coloca uma lupa sobre os líderes, os quais cada vez mais serão testados e desafiados pela moral e ética na forma como lideram as pessoas e fazem negócios. Existe uma diferença abissal entre líderes éticos e antiéticos: a forma como eles fazem com que os que estão abaixo deles se sintam. Os que escolhem ser os vilões da história, abusam do poder e usam a "carteirada" como recurso para intimidar as pessoas.

♥

Prezar por uma conduta ética nas relações de trabalho não é mais uma questão de opção. É uma obrigação, que vai além do cumprimento de regras e legislações, tem a ver com respeito e confiança.

Não requer chancelas, mas, caráter. Ter um bom coração, agir com boa vontade, fazer o que prega e ser justo na relação com as pessoas já o aproxima do conceito. Embora a ética na liderança possa parecer desafiadora, implementá-la pode ser mais fácil do que você imagina e lhe renderá muitos benefícios, pois conecta você ao perfil do "Líder Integral", ressonante às tendências do trabalho.

Quer saber como ser um líder ético? Alguns comportamentos podem ajudar você a ser bem-sucedido no seu pleito:

Comece concentrando esforços para reduzir a distância entre o discurso e a prática na sua gestão;

Estimule as pessoas a compartilharem suas ideias, mas jamais se aproprie delas;

Sob quaisquer circunstâncias seja absolutamente imparcial nas suas decisões. Não pratique o favoritismo;

Dê espaço para "todos" expressarem seu ponto de vista sem medo de serem repreendidos ou perseguidos;

Seja justo e comprometido com a equipe. Não fale mal das pessoas nem tente mostrar-se superior a elas;

Lidere pelo exemplo. Suas ações falam mais alto do que o que você fala. Essa é a melhor forma de garantir um negócio ético;

Contrate pessoas com convergência de valores. Embora os valores não precisem ser idênticos, você deve firmar um terreno comum com a equipe.

Shane Green, no seu livro *Culture Hacker*, diz: "Não acredito que todas as pessoas sejam adequadas para todas as empresas, e tudo bem. As empresas precisam fazer um trabalho melhor, buscando pessoas alinhadas com seus valores, em vez de apenas contratar por experiência." Faço coro! Lutar contra valores é uma luta inglória. Uma coisa é contratar pessoas com experiências e perspectivas diversas, pois agrega valor à resolução dos desafios. Mas quando se trata de valores, trabalhar com profissionais que compartilham seus valores é fundamental. Ninguém quer trabalhar para alguém que tenha valores contrários aos seus. Isso também vale para a escolha de parceiros de negócios. Estreite valores e interesses.

♥

Você conquista a admiração e o respeito das pessoas não pela autoridade, mas pela sua integridade.

Prezar por uma conduta ética nas relações de trabalho não é mais uma questão de opção. É uma obrigação e vai além do cumprimento de regras e legislações, tem a ver com respeito e confiança. Não requer chancelas, mas, caráter. Para exercer a liderança ética ter bom caráter e um coração sincero, agir com boa vontade, fazer o que prega e ser justo na relação com as pessoas já é grande parte do caminho.

Para ajudar as pessoas a evoluírem e ter um bom desempenho, é preciso, antes de tudo, compreendê-las e respeitá-las na sua individualidade. Aqui entra o grande valor do Líder Integral que orienta, prepara, qualifica e enxerga o profissional como ele é, reconhecendo o seu valor para o negócio. Negócios esses que não devem acontecer a qualquer custo, mas sempre respeitando os limites éticos. Encontrar um líder com todas essas habilidades e qualidades juntas que exerça 100% essas diretrizes também não é uma tarefa fácil. Mas, ter esses conceitos como base da excelência no processo de desenvolvimento de uma liderança ética é fundamental. Os líderes que conseguem exercer esses conceitos na gestão da equipe e do negócio são reconhecidos e cada dia mais valorizados no mercado de trabalho, pois tornam-se exemplo não só para a equipe, mas para toda a empresa. Centrados em pessoas, com visão imparcial, compreendem o respeito ao "ser" como pré-requisito do "ter" e conquistam a admiração e o respeito delas, subindo mais alto na escada gerencial.

Liderança ética é uma forte tendência e um grande diferencial no histórico do líder. Pratique-a. Sua reputação agradece.

MENTALIDADE DE CRESCIMENTO

**GROWTH MINDSET*

CAPÍTULO VI

Por trás da tecnologia disruptiva, existe uma mente sabiamente disruptiva.

De acordo com o artigo da Harvard Business Review, *To Be a Great Leader, You Need the Right Mindset* (Para ser um grande líder, você precisa da mentalidade certa), "Organizações em todo o mundo gastam cerca de US$ 356 bilhões em esforços de desenvolvimento de liderança".

No entanto, o BrandonHall Group, uma empresa de pesquisa e análise de capital humano que pesquisou 329 organizações, descobriu que 75% das organizações classificaram seus programas de desenvolvimento de liderança como não muito eficazes.

Por que as empresas não estão ganhando mais com seu investimento em desenvolvimento de liderança? Uma pesquisa mais recente sugere que "é provável que a maioria dos esforços de desenvolvimento de liderança ignore um atributo específico fundamental para a forma como os líderes pensam, aprendem e se comportam: suas mentalidades". Se você acredita que é capaz, certamente, é. Se acredita que não, também. Tudo o que a sua mente concebe, conquista.

Dependendo do tipo de pensamento que habita a sua mente ela pode se tornar um lugar de muita violência.

A maior batalha que você travará na sua vida será contra a sua mente. Há algum tempo, lembro de ter ouvido alguém dizer: "Dentro de mim há dois cães: um deles lida bem com mudanças, flexibiliza e se adapta fácil. O outro é mais temperamental, resistente e não lida bem com mudança. Num confronto entre os dois, qual vence? A resposta é simples: aquele que você frequentemente alimenta". Pense na sua mente com um ser vivo que você alimenta com seus pensamentos. Tudo o que você conhece como realidade começa em sua mente. Ela é a árvore realizadora dos desejos, é quem cria todas as situações boas e ruins que você enfrenta no seu dia a dia, por isso insisto em dizer que, a menos que o líder conheça profundamente a si mesmo e o que passa pela sua mente, estará sempre à mercê dos conteúdos inconscientes que criam a sua realidade. Ao pensar insistentemente em uma determinada situação é como se você desse vida à ela.

Agora pense nas situações que você recorrentemente vivência na sua rotina de trabalho. Perceba como estão associadas a pensamentos que se repetem na sua tela mental, dos quais você se torna refém, preso a um ciclo de repetições que, de tanto pensar, você mesmo acaba atraindo. Atraímos o que projetamos. "Toda ação provoca uma reação de igual intensidade". Situações de ação e reação são muito comuns. Ocorrem sempre que temos forças em ação e, portanto, em reação. Por exemplo: ao empurrarmos um carro, exercemos uma força sobre ele que também exerce uma força sobre nós. Essa é a terceira lei de Newton, também conhecida como "ação e reação". Essa dinâmica acontece também na nossa mente, estabelecendo uma conexão entre o que pensamos e o que experienciamos na nossa realidade.

"Observe seus pensamentos, eles se tornam suas palavras; cuidado com suas palavras, elas se tornam suas ações; observe suas ações, elas se tornam seus hábitos; observe seus hábitos, eles se tornam seu caráter; observe seu personagem, ele se torna seu destino."
Lao-Tsé

Acredito fortemente que nada é conquistado por alguém que diga que não pode ser feito e vice-versa. O psicólogo e iogue Sri Prem Baba idealizador do movimento global "Awaken Love" (Desperte o Amor) diz que "Todo pensamento que constantemente se repete traz consigo um desejo inconsciente de se realizar". E se é inconsciente, significa que provavelmente você nem imagina que ele exista, portanto, ele segue se repetindo sem que você se dê conta.

Muito provavelmente você até se ache vítima das situações e, sem ter consciência de que sua mente é a fonte, acusa os outros (Deus ou universo) pelo que acontece com você. Nesse caso, você precisará observar as situações que se repetem na sua vida e tomar consciência delas para, então, aprender a transformá-las. Tomar consciência desse padrão de repetição é o primeiro passo. O segundo, é buscar recursos para lidar com ele. E o terceiro, de maior importância, se não conseguir fazer isso sozinho, peça ajuda. Assumir a sua vulnerabilidade e reconhecer que precisa de ajuda é um ato de coragem. Ao aprofundar no conhecimento de si e praticar a auto-observação você deixará de ser refém desses pensamentos compulsivos, dessa ruminação mental. Pouco a pouco, começará a experimentar uma nova realidade e conseguirá se desidentificar desses pensamentos, assumindo a autorresponsabilidade pelo que acontece com você. Isso transformará não só a sua realidade, como também a das pessoas que convivem com você. Líderes que seguem esse caminho vivenciam profundas transformações e têm a minha admiração.

A mentalidade de crescimento molda as habilidades de liderança e a capacidade de gestão.

"Eu não falhei, apenas encontrei 10.000 maneiras que não funcionaram." Thomas Edison

A liderança desempenha um papel crítico no sucesso de uma organização, e a mentalidade do líder afeta significativamente o desempenho da equipe e o crescimento do negócio.

No mundo veloz e complexo de hoje, uma mentalidade de crescimento é essencial para moldar as habilidades de liderança futuras. O que você supõe ser o principal indicador de sucesso de uma empresa? São as condições do mercado? Suas estratégias de venda? Seus investidores de grande porte? Ou a linha de crédito que consegue levantar? Nenhuma das respostas. De fato, mesmo quando as condições parecem promissoras, escalar os negócios será uma missão extremamente difícil se os líderes não tiverem desenvolvido um fator crítico: a mentalidade de crescimento.

Por trás de empresas bem-sucedidas você encontrará líderes exemplares que pilotam o negócio e lideram as pessoas com uma mentalidade de crescimento. Líderes com mentes progressivas tendem a se concentrar mais no processo do que no resultado. Eles sabem que se as pessoas têm competência, compromisso e acreditam que são capazes, o resultado é consequência. Por outro lado, líderes com mentes fixas têm orientação e foco exclusivamente voltados para o resultado. Tendem a interpretar os desafios como fracassos, acreditando que todo esforço para resolvê-los é em vão, em vez de reconhecer a oportunidade de aprendizado e crescimento, catastrofizam a situação.

O conceito de mentalidade de crescimento, desenvolvido pela professora de psicologia de Stanford, Carol Dweck, e ganhou popularidade nos últimos anos e, hoje, é trabalhado como diferencial na capacitação de líderes. Enquanto um líder com mentalidade fixa acredita que a inteligência e as habilidades de uma pessoa nascem com ela, são inatas, e não podem ser desenvolvidas, líderes com mentalidade de crescimento acreditam que a inteligência, e as habilidades de uma pessoa podem ser desenvolvidas por meio de esforço e aprendizado.

"Estamos evoluindo de um grupo de pessoas que sabem tudo para um grupo de pessoas que querem aprender tudo", diz Satya Nadella, CEO da Microsoft.

A mentalidade de crescimento é fundamental para a adaptabilidade, agilidade, inovação e crescimento da empresa. Portanto, vamos aprofundar um pouco mais nas diversas implicações que a mentalidade fixa e de crescimento têm na gestão do negócio e de pessoas.

Fatores que definem uma mentalidade de crescimento:

Crenças	**Esforço**
Desafios	**Erros**

Líderes com mentalidade de crescimento encaram os desafios como oportunidades de desenvolvimento.

São abertos a *feedback*, veem os erros como parte do processo de aprendizado e se inspiram no sucesso dos outros. Enquanto muitos líderes, nem entendem o que isso realmente significa e alimentem crenças e comportamentos fixos.

Esse perfil de líderes evita desafios, interpretam o *feedback* como um ataque pessoal e diante dos obstáculos desistem facilmente. Sobretudo, nesse momento de incertezas e mudanças constantes, líderes com mente fixa podem provocar sérios danos à equipe e ao negócio.

Eles acreditam que o conhecimento e a experiência que têm são suficientes para resolver qualquer problema, e assim não buscam novas informações, resistem às mudanças e descartam as ideias e sugestões alternativas dadas pela equipe. Esse comportamento impede que as pessoas exerçam a sua criatividade, provoca estagnação e desânimo na equipe, o que por sua vez impede o crescimento dos seus colaboradores e dificulta a adaptação da empresa às mudanças de cenário. É penoso ver equipes lideradas por líderes com mentes fixas. Muitas pessoas não aguentam e pedem transferência de área ou se demitem.

Na via oposta, um líder com mentalidade de crescimento que compreende a ***aprendizagem autodirigida**, como perspectiva de melhoria contínua, é essencial para alcançar o sucesso na gestão do negócio e de pessoas.

Esses líderes fazem do *feedback* uma ferramenta ativa na troca de conhecimento para crescimento mútuo, incentivam a colaboração e são abertos a novas ideias. Resultado, promovem uma cultura de inovação e adaptabilidade, alçando a equipe e o negócio a um novo patamar.

O artigo *O poder da perspectiva no desenvolvimento pessoal* da Forbes Tech diz que "Considerando a importância de promover mudanças de mentalidade, uma das coisas mais importantes que podemos fazer é ouvir pontos de vista e vivências totalmente diferentes das nossas. Quando nos colocamos neste lugar de escuta, é possível começar a olhar nossa própria situação de forma diferente, quando achamos que nosso trabalho não está legal, ou mesmo quando nos vemos tentados a reclamar de barriga cheia.

Em tempos de *you only live once,* (você só vive uma vez) é importante pensar no que é realmente uma limitação, e o que podemos aprender com os desafios que se apresentam pelo caminho.

Como a mentalidade fixa prejudica seus resultados e sua liderança

Carol Dweck, no seu livro *Mindset: A Nova Psicologia do Sucesso,* diz que "Líderes com mentalidade de crescimento aproveitam qualquer oportunidade para aprender coisas novas, pessoas com uma mentalidade fixa são mais propensas a se ater a atividades que utilizam habilidades que já dominam, em vez de arriscar constrangimento por falhar em algo novo". Sempre que surgem problemas, o que é inevitável, os líderes de *mindset* fixo imediatamente interpretam a situação como um problema sem solução. Podem até dispensar ou substituir pessoas, pois acreditam que ninguém tem a capacidade de melhorar suas habilidades. Inclusive, muitas vezes, o líder com mente fixa tenta resolver o problema sozinho, pois não confia em mais ninguém. A expansão da força de trabalho e do negócio se torna inviável.

Líderes que operam com mentalidade fixa desenvolvem padrões comportamentais negativos, como por exemplo:

Veem-se constantemente enredados nas mesmas situações;

Estão sempre sob stress e apagando incêndios;

Aprendem a fazer alguma coisa de determinada maneira e seguem fazendo igual todas as vezes;

Controladores, microgerenciam a equipe, sobrecarregando as pessoas e afetando a produtividade delas;

Promovem a cultura do medo. As pessoas têm receio de inovar, pois temem errar e serem repreendidas ou perseguidas pelo líder;

Buscam culpados para acusar, provocando na equipe mecanismos de defesa. As pessoas se preocupam mais em se manter seguras do que em trabalhar juntas e crescer o negócio;

As relações de trabalho são marcadas por negatividade, desconfiança e estresse frequente;

Sofre por antecipação, acreditando que todos os esforços são em vão e não vai conseguir êxito;

Às pessoas da sua equipe sentem-se desmotivadas, acuadas com suas capacidades reprimidas, sem realizar à altura do potencial que têm.

Por outro lado, líderes que adotam a mentalidade de crescimento desenvolvem discernimento sadio e padrões comportamentais positivos:

Veem as falhas como parte natural do processo de aprendizagem;

Se dispõem a rever suas crenças limitantes e estratégias que funcionaram no passado para inovar os processos e as soluções;

Promovem uma cultura de autoresponsabilidade e autonomia que impulsiona o crescimento das pessoas e beneficia o negócio;

Enxergam às crises e os desafios como oportunidades de crescimento para a equipe;

Sabem fazer do limão uma limonada. Acreditam que ao final do jogo, haverá uma nova partida. E assim, motivam a equipe a seguir, buscando o melhor resultado;

Aprendem com os erros e redirecionam seus esforços para testar novas alternativas;

Estes líderes são responsáveis pela transformação do modo de liderar pessoas e negócios.

Como você define sua mentalidade?

____

____

____

____

Na verdade, somos todos uma combinação dos dois tipos de *mindset*. O que precisamos perceber é qual delas é mais predominante, e em quais situações, pois, será ela que influenciará a maneira como você interpretará e reagirá aos desafios do dia a dia. Há momentos em que acreditamos que temos um potencial enorme e superamos os contratempos e aprimoramos nossas habilidades. Enquanto em outros momentos acreditamos que nosso potencial é limitado e nos concentramos nas nossas deficiências. Quando adotamos essa visão, desistimos ao primeiro obstáculo e deixamos que o fracasso nos defina. O tipo de mentalidade (*mindset*) permeia as decisões.

Dica importante:

Cuidado com a tendência de rotular as pessoas como fixas ou em crescimento. Enquadrar um indivíduo numa categoria tão simplista não reflete a realidade do colaborador nem ajuda conhecer suas reais necessidades. Sem dizer que esse comportamento pode levar o líder a discriminar e praticar o favoritismo na sua gestão.

Você ganhou um cérebro, mas reprogramá-lo é sua responsabilidade.

Como a Carol Dweck afirma em seu livro *Mindset:* "Você não obtém uma mentalidade de crescimento por proclamação". É preciso esforço para reconhecer e gerenciar sua mentalidade fixa e desenvolver estratégias para ajudar você a sair dela. A neurociência, através de vários estudos e pesquisas sobre o funcionamento do cérebro, comprovou que ao tomarmos consciência do nosso modelo mental podemos modificar o modo como reagimos às circunstâncias e pessoas. Desenvolver uma mentalidade de crescimento é uma jornada desafiadora. A boa notícia é que, com atenção plena e boa disposição, você aprenderá a reconhecer as situações onde predomina a sua mentalidade fixa e poderá mudar a forma como interpreta as situações, e isso mudará sua reação à ela. Aprenda a treinar a sua mente para interpretar as situações de forma positiva.

Lembre-se da história dos dois cães: aquele que você alimenta, vence.

Avalie o seu tipo de *mindset*

Se a sua mente é capaz de criar, ela também tem o poder de transformar. Compreendendo que o seu *mindset* está diretamente associado ao seu modo de pensar e interpretar as situações, faça o teste e identifique quais preferências de pensamentos e comportamentos conectam você à mentalidade fixa e de crescimento.

Responda as questões com base em seu nível de concordância ou discordância de acordo com a frequência com que reage às situações: Muito frequente / Frequente / Ocasionalmente / Raramente / Nunca. Reflita sobre o seu modo de pensar e reagir, considerando o contexto abordado nas questões:

1. Penso que investir tempo em aprender coisas novas é tão importante quanto aprimorar o que eu já faço bem.

(1) Muito frequente
(2) Frequente
(3) Ocasionalmente
(4) Raramente
(5) Nunca

2. Acredito que mesmo as pessoas e situações mais difíceis me oferecem a oportunidade de aprender algo novo.

(1) Muito frequente
(2) Frequente
(3) Ocasionalmente
(4) Raramente
(5) Nunca

3. Estou aberto a fazer perguntas e aprender com os outros, mesmo que isso signifique admitir que não sei algo.

(1) Muito frequente
(2) Frequente
(3) Ocasionalmente
(4) Raramente
(5) Nunca

4. Não sou de fazer o papel de vítima. Sei que as escolhas são minhas e assumo as consequências das minhas ações.

(1) Muito frequente
(2) Frequente
(3) Ocasionalmente
(4) Raramente
(5) Nunca

5. Quando reajo a uma situação por impulso, tenho por hábito nomear a emoção/sentimento que provocou o comportamento impulsivo e reflito sobre como posso evitá-lo.

(1) Muito frequente
(2) Frequente
(3) Ocasionalmente
(4) Raramente
(5) Nunca

6. Minha forma de pensar e interpretar os fatos determina se serei ou não bem-sucedido nas minhas relações de trabalho.

(1) Muito frequente
(2) Frequente
(3) Ocasionalmente
(4) Raramente
(5) Nunca

7. Não associo o erro ao fracasso. Reajo bem quando alguém fala que cometi algum erro e me corrige. Foco na oportunidade de aprendizado.

(1) Muito frequente
(2) Frequente
(3) Ocasionalmente
(4) Raramente
(5) Nunca

8. Exercito a minha resiliência, pois sei que o autodesenvolvimento é uma jornada que envolve muitos esforços, erros e frustrações.

(1) Muito frequente
(2) Frequente
(3) Ocasionalmente
(4) Raramente
(5) Nunca

9. Para ter o reconhecimento e o respeito das pessoas com quem trabalho, não preciso disfarçar minhas vulnerabilidades.

(1) Muito frequente
(2) Frequente
(3) Ocasionalmente
(4) Raramente
(5) Nunca

10. O que eu penso sobre as pessoas, justifica a qualidade da minha relação com elas.

(1) Muito frequente
(2) Frequente
(3) Ocasionalmente
(4) Raramente
(5) Nunca

11. Independentemente do que acontece comigo, posso escolher o que dizer para mim mesmo no meu diálogo interno, e isso influencia completamente o modo como reajo à situação.

(1) Muito frequente
(2) Frequente
(3) Ocasionalmente
(4) Raramente
(5) Nunca

12. "O único lugar onde sucesso vem antes de sorte é no dicionário". Meus esforços e atitudes determinam meus resultados.

(1) Muito frequente
(2) Frequente
(3) Ocasionalmente
(4) Raramente
(5) Nunca

13. Essa fala me representa: "Não importa o tipo de pessoa que você é hoje, se você realmente quiser e se empenhar, sempre poderá mudar suas percepções e transformar a sua realidade."

(1) Muito frequente
(2) Frequente
(3) Ocasionalmente
(4) Raramente
(5) Nunca

14. Gosto quando valorizam o meu trabalho pois isso fortalece a minha autoconfiança, mas sei da importância de ter também pessoas que me critiquem e desafiem a aprender o que eu ainda não sei fazer.

(1) Muito frequente
(2) Frequente
(3) Ocasionalmente
(4) Raramente
(5) Nunca

15. Não me sinto ameaçado quando as pessoas são reconhecidas por saberem mais do que eu. O saber delas não minimiza o meu.

(1) Muito frequente
(2) Frequente
(3) Ocasionalmente
(4) Raramente
(5) Nunca

16. Peço a opinião das pessoas sobre o meu trabalho, pois ouvir sobre o que elas observam é uma ótima forma de identificar aspectos despercebidos que podem ser melhorados.

(1) Muito frequente
(2) Frequente
(3) Ocasionalmente
(4) Raramente
(5) Nunca

17. Testar novas formas de executar minhas tarefas, mesmo já tendo o meu próprio jeito de executá-las ajuda a aprimorar minha capacidade de adaptação.

(1) Muito frequente
(2) Frequente
(3) Ocasionalmente
(4) Raramente
(5) Nunca

18. Acredito que as pessoas se equivocam quando pensam que não há necessidade de recriar o que já foi testado e aprovado.

(1) Muito frequente
(2) Frequente
(3) Ocasionalmente
(4) Raramente
(5) Nunca

19. Algumas pessoas são boas e gentis, outras nem tanto, mas todas têm a capacidade de mudar. Quanto mais acredito e coloco isso em prática, melhor me relaciono com elas.

(1) Muito frequente
(2) Frequente
(3) Ocasionalmente
(4) Raramente
(5) Nunca

20. Quando dois falam, dois são responsáveis. Quando percebo que a minha comunicação com alguém não está fluindo, logo penso, o que na minha fala pode estar provocando a reatividade dela?

(1) Muito frequente
(2) Frequente
(3) Ocasionalmente
(4) Raramente
(5) Nunca

21. Não gosto do modo como meu gestor me dá *feedback* corretivo. Mas aceito e procuro ver como algo positivo, pois sempre me permite identificar oportunidade de melhorar meu desempenho.

(1) Muito frequente
(2) Frequente
(3) Ocasionalmente
(4) Raramente
(5) Nunca

22. Tem pessoas que se incomodam com o sucesso de outros. Para mim, o sucesso das pessoas com quem trabalho serve de inspiração e referência para a minha trilha.

(1) Muito frequente
(2) Frequente
(3) Ocasionalmente
(4) Raramente
(5) Nunca

23. Mesmo diante das situações, das quais não tenho total compreensão, escolho vê-las como oportunidade de aprendizado em vez de ameaça.

(1) Muito frequente
(2) Frequente
(3) Ocasionalmente
(4) Raramente
(5) Nunca

24. Acho que escolher manter uma atitude positiva frente aos problemas que surgem fica mais fácil lidar com eles.

(1) Muito frequente
(2) Frequente
(3) Ocasionalmente
(4) Raramente
(5) Nunca

25. Não reclamo. Reclamar é uma perda de tempo. O tempo gasto com a reclamação pode ser usado para criar solução. As pessoas da minha equipe percebem isso em mim.

(1) Muito frequente
(2) Frequente
(3) Ocasionalmente
(4) Raramente
(5) Nunca

26. Vejo o *feedback* como um atalho para o meu crescimento e tenho o hábito de dar e receber. Se não recebo, peço.

(1) Muito frequente
(2) Frequente
(3) Ocasionalmente
(4) Raramente
(5) Nunca

27. Aprender continuamente me mantém atualizado e mais competitivo na minha área. Estou sempre desenvolvendo novas competências em cursos e treinamentos, seja no trabalho ou fora dele.

(1) Muito frequente
(2) Frequente
(3) Ocasionalmente
(4) Raramente
(5) Nunca

28. Tenho plena convicção que o esforço e a perseverança determinam o êxito das entregas.

(1) Muito frequente
(2) Frequente
(3) Ocasionalmente
(4) Raramente
(5) Nunca

29. Reconhecer e recompensar pelo esforço são meios de estimular a mentalidade de crescimento. Faço disso uma prática e assim crio uma dinâmica positiva de reconhecimento e recompensa na minha rotina de trabalho.

Considerando a frequência com que você reage às situações, identifique as respostas: ocasionalmente, raramente e nunca, e estabeleça ações estratégicas para desenvolver novos comportamentos que conectem você à mentalidade de crescimento. Para começar, escolha as três questões mais críticas que irão ajudá-lo no seu atual momento e trabalhe os novos comportamentos que você quer desenvolver durante três semanas (21 dias). Separe um caderno ou bloco de notas e registre o seu progresso.

Exemplo:

Consegui não agir reativamente ao *feedback* que recebi.
Fui proativo. Agi em vez de reclamar.
Consegui ver o lado positivo da situação.
Não me senti envergonhado por ter errado.
Experimentei uma nova abordagem.
Mesmo sem ter vontade, tomei a iniciativa de resolver.

Ao final das três semanas, reflita sobre os novos comportamentos que já se tornaram frequentes, compartilhe com um(a) colega da sua confiança e escolha novos desafios para as próximas semanas até que todos os pontos de melhoria sejam cobertos.

A aprendizagem autodirigida faz parte do modelo mental de crescimento pessoal, em que o profissional, mesmo na condição de líder, assume a condição de aprendiz, é o seu próprio professor e assume o protagonismo por sua evolução, de forma independente e automotivada.

♥

Sua transição para uma mentalidade de crescimento só depende de você. Voe!

DE&I: A EVOLUÇÃO DA LIDERANÇA

CAPÍTULO VII

"Como as aves, as pessoas são diferentes em seus voos, mas iguais no direito de voar." Judite Hertal

Você precisa entender de pessoas para saber como conduzi-las e não cair no erro de tratar todas da mesma forma. Pessoas diferentes possuem dificuldades, necessidades e interesses diferentes. Dê a todas a mesma importância, mas trate cada uma na sua singularidade.

Grave isso.

A pandemia provocou uma crise global de saúde, mas, por outro lado, também acelerou um despertar social implicando as organizações em questões relacionadas à preocupação com o bem-estar emocional, físico e mental dos seus profissionais. As culturas organizacionais estão migrando para uma proposta inclusiva, em que as empresas priorizam a diversidade das equipes, eliminando o preconceito e a discriminação no ambiente de trabalho. Nos negócios, a briga vai além do ganho por lucros e margens e inclui, como estratégia, ações que resguardem o bem-estar social.

O Relatório Tendências Globais de Capital Humano 2023 da Deloitte mostra como as empresas de todo o mundo, à medida que perdem as referências que as mantinham operando, estão atravessando um novo cenário, ganhando permissão para experimentar, pilotar, inovar e redefinir os fundamentos na gestão de pessoas.

A crença de que o lucro por si só não faz um negócio de sucesso se fortalece, apontando como prioridade nas políticas internas das empresas a ênfase na diversidade, na inclusão e na equidade. Não vejo melhor meio de validar estes conceitos se não pela prática da liderança inclusiva. Vamos entender melhor o que é liderança inclusiva, como esse estilo de liderança pode beneficiar as pessoas e os negócios e quais as principais características e habilidades dos líderes inclusivos.

Em primeiro lugar, é importante esclarecer a diferença entre os três conceitos, que a despeito de estarem associados têm significados diferentes.

A **diversidade** está associada à consideração dos valores culturais e às características de cada pessoa que a tornam única, singular.

A **inclusão** baseia-se no respeito e na valorização dos aspectos individuais e engloba as políticas internas e ações que reforçam a importância e a contribuição da diversidade.

A **equidade** resguarda o direito a todos, indistintamente, de receber tratamento justo e ter oportunidades iguais de sucesso, crescimento e expressão de voz.

"Liderança requer ousadia. Grandes transformações nascem de pequenas mudanças provocadas por líderes que ousam fazer a diferença. Além de boas ideias e sugestões, são necessárias ações

efetivas. No contexto em que vivemos, liderar, sobretudo, é assumir a responsabilidade por forçar a curva e mudar o curso de uma história que ainda narra o despropósito de associar privilégio à preferência". Revista Carreira Preta - Waleska Farias

Liderança inclusiva

"Liderança inclusiva é a capacidade de liderar com eficiência um grupo diverso de pessoas, respeitando sua singularidade de forma empática. É um estilo autêntico de liderança que elimina a discriminação, o preconceito e o favorecimento com base em cor, raça, gênero e outras características protegidas, permitindo que os colaboradores tenham voz e oportunidades e se sintam-se valorizados na forma como são."

Vivemos em um mundo diversificado. Não apenas na diversidade da força de trabalho, mas também nos clientes que atendemos, nos parceiros de trabalho e nos negócios que queremos expandir. Com as empresas otimizando suas atividades de diversidade, equidade e inclusão, a liderança inclusiva tem se tornado cada vez mais relevante e necessária. Não importa o quão amplas sejam suas métricas de diversidade – seja nas novas contratações ou na expansão dos negócios – se não houver um ambiente inclusivo que acolha as diferenças individuais e crie um espaço de trabalho onde todos possam trazer seu verdadeiro eu, as iniciativas de DE&I falharão.

É por isso que líderes com mentalidade de inclusão, que reservam aos colaboradores o direito de serem tratados indistintamente com humanidade e imparcialidade, são tão essenciais. Esses líderes desempenham um papel crucial no desenvolvimento dos negócios e das equipes, pois responder às demandas com agilidade e eficácia, equilibrando as diferentes necessidades de clientes, mercados e funcionários, tornou-se um requisito primordial.

A diversidade nas equipes faz parte de uma abordagem mais abrangente e atual e cria uma atmosfera onde as pessoas sentem que suas opiniões e contribuições são importantes e agregam valor ao negócio. Esse estilo de liderança emerge como uma adaptação necessária da empresa às novas diretrizes do trabalho. Nas gerações anteriores, as equipes eram homogêneas e havia uma clara hierarquia de poder nas relações de trabalho. Essa mentalidade e estrutura antigas estão mudando. Hoje, as empresas têm consciência de que a diversidade de pensamento e a inclusão de grupos diversos oferecem uma vantagem competitiva.

Quando as pessoas não se sentem pertencentes e respeitadas na sua singularidade, perdem a motivação e isso afeta o engajamento e a produtividade.

Sem falar no aumento do risco de reivindicações relacionadas ao tratamento desigual ou impacto adverso, que pode afetar seriamente a reputação do líder e da marca empregadora.

O **propósito inclusivo** reforça o compromisso de liderar pessoas e organizações sem vieses ou preconceitos, e de cultivar um ambiente de trabalho no qual os profissionais sejam tratados com justiça. É aqui que o líder entra em cena, criando medidas para garantir que seus colaboradores sintam-se respeitados e tratados de forma justa. Isso eleva a confiança e o senso de pertença da equipe, gerando maior motivação, engajamento e desempenho.

Segundo um estudo da McKinsey & Company sobre a diversidade corporativa na América Latina (JUL 2020), os níveis de comprometimento das empresas com a diversidade estão intimamente correlacionados com a capacidade de seus líderes de criarem equipes confiáveis e de alta performance. Os funcionários de empresas percebidas como comprometidas com a diversidade apresentaram probabilidade 80% maior de concordar que seus líderes promovem confiança e diálogo aberto, e probabilidade 73% maior de relatar uma cultura de liderança que favorece o trabalho em equipe e afeta positivamente a forma como as pessoas se comportam. Nessas empresas é mais provável que os funcionários sintam que podem "ser quem são" e tenham mais liberdade, tanto em termos de identidade (expressão) quanto na forma de trabalhar (autonomia) e isso os estimula a participar e contribuir.

Os dados do estudo também mostram que os funcionários dessas empresas apresentam probabilidade:

- 152% maior de propor novas ideias e ousar novas formas de fazer as coisas;

- 77% maior de concordar que a empresa oferece recursos externos para melhorar sua performance;

- 72% maior de reportar que a empresa é comprometida com a melhoria contínua dos processos;

- 64% maior de afirmar que colaboram e compartilham troca de ideias e melhores práticas nas equipes.

Há um vínculo claro entre diversidade e performance financeira.

O estudo mostra que as empresas da América Latina que adotam a diversidade tendem a superar outras em práticas-chave de negócios como inovação e colaboração, e seus líderes são melhores em gerar confiança e promover o trabalho em equipe. O ambiente de trabalho nessas empresas costuma ser mais colaborativo e feliz, facilitando a retenção de talentos. Isso se traduz tanto em uma saúde organizacional mais sólida quanto em resultados mais significativos, pois os negócios têm maior probabilidade de alcançar uma performance financeira superior.

Também foi observado que os líderes de empresas comprometidas com a diversidade parecem ter uma agenda de inovação mais representativa. 66% dos funcionários dessas empresas foram mais propensos a relatar que seus líderes promovem a inovação. Ou seja, exercer a diversidade, a equidade e a inclusão como práticas sustentáveis na liderança gera reflexos positivos em todos os níveis que influenciam a competitividade do negócio.

VOCÊ É UM LÍDER INCLUSIVO?

Não apenas o mundo e o trabalho vêm mudando, mas, também o que é esperado dos líderes. **Veja as principais características de um líder inclusivo e avalie se você se qualifica para a prática da liderança inclusiva:**

Promove a consciência social no local de trabalho: conhecer melhor os funcionários para facilitar a inclusão.

Cria um espaço seguro para a comunicação aberta onde as pessoas possam compartilhar e trocar ideias sem julgamento.

Reforça o compromisso com a diversidade no local de trabalho, ajudando "todos" os colaboradores a se sentirem parte da equipe;

Reconhece e aborda preconceitos pessoais e oferece treinamento de conscientização para os colaboradores;

Promove senso de pertença, as pessoas naturalmente sentem-se parte do todo e engajadas;

Estimula a variedade de opiniões, favorecendo a criação de um ambiente propício à criatividade e à inovação;

Garante a transparência sobre os benefícios e as estruturas salariais. Isso aumenta a vantagem competitiva do negócio e ajuda na atração e retenção de talentos.

REFLETINDO A RESPEITO:

Quais dessas características se conectam aos seus pontos fortes e críticos?

Quais fortalecem a sua influência na gestão da equipe?

Com quais ações você pode se comprometer para ajudá-lo a melhorar os pontos críticos identificados?

O líder não tem como surfar essa nova onda sozinho. Para lidar com tantas informações e mudanças nos negócios vai precisar de toda a contribuição possível, começando pelo apoio da equipe. Equipes diversas oferecem uma perspectiva mais abrangente na solução dos problemas, pois cada pessoa traz uma visão própria com base na sua própria vivência. Isso oferece uma contribuição valiosa. Imagine, por exemplo, várias pessoas apreciando uma obra de arte. Embora todas estejam observando o mesmo objeto, elas terão perfeições e farão descrições únicas baseadas no seu ponto de vista pessoal.

Da mesma forma, uma equipe formada por pessoas de diferentes perfis e vivências, enxerga a solução de um problema ou a utilidade de um produto ou serviço por várias perspectivas. Isso ajuda a considerar muitas variáveis e chegar mais rápido à solução ideal. Mas esses benefícios não acontecem por acaso.

Eles dependem da capacidade do líder de enxergar a diversidade de percepções como um valor, em vez de querer que todos compartilhem da sua opinião.

DE&I é uma forte seta do futuro do trabalho, e requer dos líderes o compromisso com a imparcialidade e o tratamento equitativo de pessoas e ideias. Isso significa estar cientes de seus próprios preconceitos, manter a mente aberta ao criar políticas e tomar decisões, além de alinhar o seu perfil às tendências de gestão.

Líderes inclusivos também compartilham algumas grandezas pessoais. Veja se você se inclui:

Respeitosos: Valorizam e respeitam os profissionais, legitimando suas percepções e opiniões diversas para que se sintam acolhidos e pertencentes na forma como são;

Empáticos: Capazes de se conectar com as pessoas em um nível emocional. Isso os ajuda a criar um ambiente inclusivo e colaborativo;

Comprometidos: Com a criação de uma força de trabalho diversificada que opera em um ambiente seguro e inclusivo;

Corajosos: Não têm medo de se mostrar vulnerável, demonstrar fraqueza e aprender com o ponto de vista de outros;

Conscientes: Dos preconceitos, tanto no nível pessoal quanto organizacional, mantém a mente aberta às perspectivas dos outros;

Autênticos: Defensores da diversidade, praticam a equidade e a inclusão em todos os momentos, seja dentro ou fora da empresa.

Dica importante:

Capacitismo faz parte do seu repertório?
No cenário da DE&I, uma questão chama a atenção: o capacitismo. O termo refere-se às crenças e atitudes que discriminam e excluem as pessoas com deficiência, subestimando suas capacidades tanto nos espaços sociais quanto nos organizacionais. O profissional para ser "capaz" não precisa se encaixar em padrões de habilidades físicas ou mentais.

O problema nas empresas se expressa em todas as microagressões que rotulam o profissional com deficiência (PCD) de "incapaz", e os desafios impostos pelo preconceito envolvem barreiras sociais, como a rotulagem, a exclusão e o isolamento. Barreiras físicas, como a falta de acessibilidade e barreiras emocionais, como a sensação de não pertencimento. Isso tudo pode abalar seriamente a autoimagem e a autoestima do profissional. Sem falar que o preconceito também limita o acesso a oportunidades educacionais e de trabalho, resultando em desigualdade nas carreiras e limitações econômicas. **Tudo isso, com o passar dos anos, reflete-se no mercado de trabalho.**

O compromisso dos líderes com o capacitismo, portanto, é fundamental para combater o preconceito e construir relações de trabalho mais equitativas, em que todas as pessoas, independentemente de suas características, sejam valorizadas, respeitadas e tenham as mesmas oportunidades.

♥

Boas intenções ajudam, mas não resolvem. Para tornar a liderança inclusiva são necessárias ações concretas.

O compromisso do líder com algumas condutas pode ajudá-lo nesse processo:

Não espere, puxe a fila. Aprofunde seu conhecimento sobre a importância da diversidade e as diferentes culturas e torne-se um defensor da equidade na sua empresa;

Participe do treinamento de conscientização sobre viés e desafie suas crenças e comportamentos;

Revise as políticas da empresa e ajuste ou substitua as políticas que não se alinham com os princípios da liderança inclusiva;

Construa legado. Sempre que tiver oportunidade, fale abertamente sobre o seu compromisso com a diversidade e a inclusão;

Use linguagem inclusiva e respeitosa em todas as suas comunicações, desde conversas individuais até em comunicados formais e políticas da empresa.

Revise as políticas da empresa e ajuste ou substitua as políticas que não se alinham com os princípios da liderança inclusiva;

Envolva-se com os pensamentos e ideias dos outros, reconheça e valorize suas perspectivas e opiniões diferentes;

Trocas com a equipe são valiosas. Sempre peça e dê *feedback* às pessoas. Faça disso hábito.

Cultivar uma força de trabalho diversificada e inclusiva requer determinação, tempo e energia. E, como visto, tem, claramente, uma grande dependência do líder, que, comprometido com os requisitos da DE&I, deve desapegar do modelo de trabalho ultrapassado e criar condições e possibilidades para assegurar um futuro mais inclusivo e humano, consciente de que a diversidade é um fato, mas a inclusão é uma escolha que deve ser feita todos os dias.

GESTÃO DE EQUIPES DE ALTO DESEMPENHO

CAPÍTULO VIII

"Quando as aranhas tecem juntas são capazes de matar um leão".

Steve Jobs dizia que: "Coisas incríveis no mundo dos negócios nunca são feitas por uma única pessoa, e sim por uma equipe." Assino embaixo. A experiência mostra que nenhum líder sozinho é bom o suficiente. Não por acaso, um dado divulgado no relatório da consultoria McKinsey mostra que a maioria dos investidores acredita que, além das finanças, a qualidade de uma equipe e a forma como ela é liderada é o fator mais importante ao avaliar um IPO.

Bons líderes, atraem bons profissionais e sabem o que fazer para mantê-los trabalhando juntos.

Com as constantes mudanças chacoalhando as rotinas de trabalho e desafiando as estratégias do negócio somado à pressão sobre os líderes para que se adaptem rapidamente às novas políticas e lidem com grupos cada vez mais diversificados, gerir equipes já não é mais uma simples responsabilidade, é uma arte. O quão bem ou mal é feita a gestão de uma equipe pode afetar a retenção, a produtividade, a criatividade, a saúde das pessoas e a sobrevivência do negócio. E isso vai depender da consciência do líder de que sozinho não é bom o suficiente e do seu talento para gerar o estímulo certo nas pessoas para que desempenhem bem. É quando o colaborador sente-se parte de uma equipe e vê que o líder reconhece o valor da sua contribuição que ele se dedica mais e consequentemente desempenha melhor.

Contudo, métodos e práticas operados na liderança tradicional podem até transformar o profissional em um bom gerente, mas, não necessariamente fará dele um grande líder capaz de influenciar as pessoas e alavancar o negócio.

Neste capítulo, vamos definir o que é uma equipe de alto desempenho, avaliar seus fatores estratégicos e benefícios, e descobrir qual a melhor forma de motivar as pessoas para que desempenhem à altura de quem são e da capacidade que têm.

O conceito de **Equipe de Alto Desempenho (EAD)** refere-se ao trabalho de um grupo com diversidade cultural e talentos complementares, que constroem confiança e compartilham propósitos comuns. São profissionais altamente focados e determinados a alcançar resultados extraordinários. Times com esse perfil têm em comum líderes experientes que cumprem com excelência o seu papel estratégico como gestores de pessoas e do negócio.

♥

A implementação de uma gestão de alto desempenho é estratégica para o crescimento das pessoas e do negócio.

São vários os benefícios que as equipes de alto desempenho promovem, mas dois deles, em específico, tocam pontos sensíveis que respondem pelo êxito do negócio: **produtividade e rentabilidade.**

Equipes de alto desempenho são naturalmente mais comprometidas e produtivas. Alguns aspectos, quando trabalhados de modo intencional, permitem aos líderes capacitar e motivar as pessoas, para que, unindo suas habilidades e colaborando umas com as outras, melhorem o desempenho do grupo.

"Um dado importante: na gestão de equipes de alto desempenho, observa-se que pessoas diversas requerem estímulos distintos. Portanto, não existe um estilo único de liderança para todas as pessoas, mas ocasiões e estágios de desenvolvimento que pedem estilos diferentes de gestão." Programa Liderança Integral

Nos treinamentos e mentorias para líderes sempre reforço que liderança não é pesca de arrastão, mas, de anzol. Quando o líder, por limitação, não alcança que pessoas distintas têm meios distintos de processar o entendimento, e insiste em usar o mesmo estilo de gestão com toda a equipe, uma parte significativa do potencial das pessoas é comprometida.

No **capítulo anterior** vimos a importância do líder considerar a singularidade das pessoas na sua gestão. Uma mesma mensagem ou tarefa não é compreendida e executada da mesma forma por todas as pessoas, pois o entendimento de cada uma delas é influenciado por suas crenças, conhecimento e experiência. Formada a equipe, o líder terá como desafio aprender como conduzir cada um dos seus colaboradores. **Conhecer as pessoas,** portanto, é uma premissa básica da gestão de equipes de alto desempenho e um dos principais desafios do líder.

Conhecer as pessoas

A gestão de equipes de alto desempenho só se torna viável quando o líder entende que antes de gerenciar a equipe é preciso conhecer cada uma das pessoas que fazem parte dela.

Além de honesto é estratégico saber o que elas precisam e esperam da sua gestão:

Quem são essas pessoas?
O que as motiva?
Quais os seus talentos, habilidades e preferências?
Quais os seus pontos fortes?
Quais os seus pontos de desenvolvimento?
De que apoio e reconhecimento elas precisam?
No que elas acreditam fortemente?
Qual a expectativa delas na relação com o líder?

Cada pessoa tem pontos fortes e pontos críticos, por isso é importante conhecê-las e descobrir em que cada uma delas se destaca e em quais aspectos precisa de suporte extra. Isso dá ao líder a condição de desenvolver a equipe e identificar a pessoa certa para cada tarefa.

A frase de Abraham Lincoln, ex-presidente dos Estados Unidos, "A maior habilidade de um líder é desenvolver habilidades extraordinárias em pessoas comuns", confirma o importante papel do líder de, conhecendo cada um dos seus colaboradores, despertar neles o potencial que, muitas vezes, nem eles próprios acreditam ter. Essa não é apenas uma simples habilidade, é um dom.

Ao longo de todos esses anos ajudando líderes de diversas empresas e posições, posso dizer que esse dom está associado à capacidade do líder de desenvolver uma **conexão emocional** com as pessoas. O que nem todos os líderes, por mais qualificados e experientes que sejam, têm desenvolvida essa capacidade. Estar conectado emocionalmente é ter uma ligação profunda e significativa com as pessoas, para que todos se conheçam e apoiem-se mutuamente.

Isso envolve uma comunicação autêntica, clara e aberta, em que o líder e o colaborador estejam dispostos a compartilhar suas experiências e necessidades sem medo de expor suas vulnerabilidades. Líderes que conseguem se conectar emocionalmente com as pessoas constroem fortes vínculos de confiança e usufruem de relações próximas e autênticas.

Gostar de gente

Esse vínculo de confiança se associa a uma outra premissa básica da gestão de equipes de alto desempenho: **gostar de gente.** Certa vez, estava conduzindo o Programa "Liderança Integral" on-line para uma grande empresa de tecnologia, quando um dos líderes comentou: "não sou obrigado a gostar de ninguém." Respondi, de fato, você não é obrigado a gostar de ninguém especificamente, mas na posição de líder, você, sim, precisa "gostar de gente".

A gestão de pessoas se torna um suplício se o líder não gostar de gente. Alguns aspectos favorecem a conexão emocional entre o líder e a equipe, "gostar de gente" está no topo da lista. Tudo o que fazemos a contragosto, além de difícil é extremamente desagradável.

Escuta de mentoria:

Uma pessoa do RH me contatou para pedir que eu trabalhasse com um líder "muito especial" que havia passado um tempo fora do país concluindo uma especialização e, retornando, já assumiu de pronto a liderança do departamento jurídico da empresa. Porém, não demorou, e vários problemas passaram a ser relatados pela equipe. Um deles era que o novo líder não "gostava de gente". Era distante, apenas "mandava" que as pessoas executassem as tarefas, sem ao menos perguntar se elas precisavam de ajuda ou esclarecer como queria que fossem executadas. Quando algo não saía conforme a sua expectativa, sempre reclamava que não estava bem feito e repreendia o colaborador na frente de toda a equipe. Isso, quando não falava mal pelas costas. A sua relação com as pessoas se limitava estritamente às demandas de trabalho. Havia um abismo entre ele e o grupo, e fazia questão de dizer, em alto e bom tom: "proximidade entre o líder e a equipe nunca dá certo, pois abre espaço para fofocas e mal-entendidos". Durante nossa conversa, na entrevista de empatia, após a apresentação inicial, foi logo dizendo: "Waleska, não tenho nenhuma questão substancial. Meu único problema, hoje, na empresa é a equipe que eu lidero." Perguntei: Quantas pessoas têm na sua equipe? Ele respondeu: "Dezessete", mas, na real, por produtividade e ajuda efetiva, considere três".

Como esperar que a equipe apresente alto desempenho se você simplesmente não gosta das pessoas? Quando isso acontece, os botões errados são acionados e muitas vezes, até de modo inconsciente, o líder pode tratar mal ou ser injusto com as pessoas, apenas por pensarem ou agirem de forma diferente da sua.

♥

É responsabilidade do líder ajustar o seu estilo de gestão para, melhorando a convivência com elas, melhorar também o desempenho do time.

Poucas coisas na vida são exatas, mas uma é certeza: ninguém é unanimidade. Dependendo da perspectiva e expectativa, todos temos aspectos positivos e negativos e nem sempre agradaremos ou seremos agradados por todas as pessoas. Se nem os dedos de uma mesma mão são iguais, por que as pessoas haveriam de ser? Por isso, aprender a se relacionar com personalidades e perfis comportamentais distintos é uma habilidade valiosa.

Algumas técnicas podem ajudar você a se sair bem lidando com pessoas que o incomodam:

- Investigue de onde vem o seu desconforto. O que nessa pessoa o incomoda ou irrita? Pense e nomeie o que ela faz ou tem que provoca em você esse desconforto ou irritação. Identifique exatamente o que nela a torna desagradável, irritante.

Questione-se:

- O problema está, de fato, nela ou ela apenas o remete à lembrança de algo ou alguém que você não gosta?
- Ela faz parte de algum grupo ou é próxima de alguém que você não gosta?
- Ou será que você tem receio de ser como ela?

A sua motivação para mudar de perspectiva responde à influência da sua mente. Use as dicas do capítulo sobre "mentalidade de crescimento" e aproveite a oportunidade para expandir a sua banda mental e **ressignificar** a leitura desse aspecto que o desconforta e irrita. "Aprenda a fazer do limão uma limonada". Encontre uma forma civilizada de lidar com essa pessoa. Você não precisa ser um "amigo íntimo" dela, mas também não ajuda em nada manter essa implicância com alguém com quem você trabalha e terá de conviver.

Caso essa pessoa apresente algum comportamento crítico ou desvio de conduta, você é o líder. Chame-a para uma conversa em particular e dê um *feedback* sobre a necessidade de mudar o comportamento. Esse é um tipo de evento comum na liderança, e ajudará você a desenvolver a habilidade de gerir conflito.

Você também viu que a mente sintoniza com a natureza positiva ou negativa do pensamento. Em vez de se fixar nos defeitos dessa pessoa, identifique o que ela tem de bom e foque nisso. Como diz o ditado: "É fácil ver o melhor em nossos favoritos e o pior naqueles que nos incomodam." Siga a recomendação do Ben Dattner, Ph.D., psicólogo organizacional e professor da New York University: "enxergar falhas nas suas pessoas queridas e procurar virtudes nas pessoas de quem você não gosta, pode ajudá-lo a ser alguém mais empático e equilibrado".

Tente dedicar um pouco mais de tempo para estar com essa pessoa e conhecê-la melhor, sem julgamentos e preconceitos. Dê uma chance para que ela revele a você o seu lado positivo. Afinal: "ninguém é tão ruim quanto pensa, nem tão bom quanto parece."

Pratique a sua capacidade de observação. Repare como os outros colaboradores lidam com essa pessoa. Quem sabe você enxergando-a por outras lentes se surpreenda positivamente?

Dica importante:

Seja acessível. Se você demonstrar que não deseja interagir com sua equipe é improvável que as pessoas disponibilizem o que têm de melhor. Você pode até preferir manter-se mais afastado, mas reserve um tempo regularmente para se reunir e conversar com sua equipe – tanto em grupo quanto individualmente. Isso dá a você a chance de lidar com os problemas antes que se tornem urgências, ter acesso a ideias que podem ajudar em soluções e dar *feedbacks* oportunos.

Difícil construir vínculo de confiança com aqueles líderes que "se acham" melhor que os outros. A síndrome do "sou mais eu" torna a relação do líder com a equipe insuportável. Resultado? Padecem as pessoas e o negócio. Mas na condição de Narciso, na liderança, há quem se julgue superior. São aqueles líderes que têm sempre a palavra final e não admitem que os colaboradores contradigam suas ideias. Devido à grande dificuldade de aceitar opiniões contrárias as suas, se tornam reféns da própria incapacidade de gerar conexão com pessoas que pensam diferente. Para esse tipo de líder "diversos são adversos". Pensam apenas em si mesmos e seus interesses sempre prevalecem aos da equipe. Não demonstram empatia, pois não conseguem se colocar no lugar do outro.

Escuta de mentoria:

Recentemente ouvi de uma profissional de TI que havia sido expatriada e acabara de assumir uma nova função na empresa, que um dos piores momentos no novo cargo foi quando, tentando compartilhar sua opinião com o seu líder, ouviu dele: "Se a responsabilidade de tomar decisões é minha, o mérito das conquistas também é meu". "Foi como se eu tivesse sido calada à força e obrigada a me curvar a sua autoridade", comentou ela

Líderes tecnicamente capacitados, mas socialmente comprometidos

Curiosamente, um estudo conduzido por Christian Gimso, professor na BI Norwegian Business School, na Noruega, descobriu que pessoas narcisistas têm mais chance de ocupar cargos de gestão. A justificativa é que, pessoas com esse perfil, não só se sentem mais atraídas por posições de poder, mas narcisistas, segundo alguns psicólogos, também têm uma grande necessidade de atenção e senso de superioridade". Eu percebo, que os líderes que estão sempre reivindicando as conquistas para si, geralmente terceirizam a responsabilidade dos erros à equipe e perseguem as pessoas que têm opiniões contrárias às suas ou se comportam diferente. São autocentrados. Tecnicamente capacitados, mas socialmente comprometidos. Quando alçados à liderança, minam a confiança dos times e destroçam a motivação.

Nem mesmo na posição de liderança, as ideias do líder tornam-se verdades. A propósito, um líder comprometido com a integridade não apresenta verdades, sugere proposições. Passar a impressão de "sabe tudo", "senhor da verdade", faz com que as pessoas se retraiam e hesitem em compartilhar suas ideias e soluções. A melhor forma de desenvolver uma equipe é, em vez de afirmar, perguntar e promover oportunidade de troca. Sempre que alguém perguntar sobre determinada situação, tente devolver a bola e pergunte o que ele propõem para solucionar a questão. Como o antigo provérbio chinês: "Ensine um homem a pescar e ele se alimentará por toda a vida." Mais importante do que dar o peixe é ensinar a pescar. Essa é a verdadeira essência da liderança. Guie as pessoas, em vez de carregá-las. Essa prática de gestão desenvolve na equipe **competência** e **maturidade.**

Com o passar do tempo a reação ao problema abrirá portas para que as pessoas opinem mais e proponham ideias de como chegar a uma nova solução. Isso me remete à fala do Lee Iacocca que diz: "Comece com boas pessoas, **defina as regras**, comunique-se, **motive** e **recompense** seus funcionários." Se você fizer todas essas coisas de forma eficaz, você não tem como errar. A integridade na gestão transborda dignidade.

Os 5 fatores estratégicos da gestão de equipes de alto desempenho

Como vimos, a formação e gestão de uma **Equipe de Alto Desempenho (EAD)** exige tempo, estratégia, dedicação e um tanto de talento. Então, vamos aprofundar nos aspectos comportamentais e práticos de apoio ao líder nessa grande jornada.

Na **abordagem integral 5 fatores estratégicos** são considerados o "core" da gestão de equipes de alto desempenho, e justificam o êxito do líder nessa função:

Propósito	**Metas**	**Regras**
Delegação	***Feedback***	

PROPÓSITO

"Trabalho não se mede em tempo, mas em impacto. Ninguém vai melhorar de vida ou se sentir realizado porque "cumpriu o horário" e "fez o que mandaram". A vida é curta demais para você desperdiçar uma grande parte dela em um trabalho em que a sua alma está ausente". Essa citação do Ricardo Amorim representa exatamente o que eu entendo como propósito maior do trabalho. O modo como as pessoas encaram o trabalho, define o sucesso ou o fracasso de sua trajetória profissional ao longo da vida. Se os líderes entendessem a intrínseca conexão entre propósito e alto desempenho, ajudaria as pessoas a encontrarem o seu, nem que fosse apenas pensando em benefício próprio. O primeiro passo para atender ao **Modelo de Liderança Integral** é definir propósito. Ajudar as pessoas a achar um propósito é a melhor forma de fazer com que elas vejam sentido no que fazem e associem valor ao trabalho indo além da motivação pelo salário. Quanto mais o trabalho vai ocupando os mesmos espaços físico e de tempo na vida das pessoas, torna-se cada vez mais primordial associá-lo a um propósito, um significado maior no trabalho. Isso em parte justifica o porquê do crescente número de profissionais que chegam ao topo da escada corporativa, mas ao chegar lá sentem um vazio (despropósito). Como se o pódio não fosse realmente o que acharam que era.

Escuta de mentoria:

Há algum tempo, conduzi um processo de coaching em uma empresa estatal que adotava o sistema de aposentadoria compulsória. Aos 50 anos, os profissionais eram obrigados a parar de exercer suas funções e se aposentarem. Um dos executivos com quem trabalhei na época, fez um comentário tão impactante que trago comigo e compartilho sempre que tenho oportunidade: "Não posso reclamar. Nesses 30 anos de empresa fiz muitas conquistas. Formei uma linda família. Criei e eduquei bem os meus filhos e, hoje, estou curtindo meus netos. Também construí um patrimônio que me permite ter tranquilidade financeira nessa nova fase. Mas, confesso a você que às vezes, fazendo uma retrospectiva da minha vida profissional, tenho a sensação de que escorei a minha escada em um muro que não era meu..."

"9 em cada 10 profissionais trocariam parte dos ganhos por um significado maior no trabalho." Harvard Business Review

O fato é que, antes, pouco se discutia sobre o trabalho ir além do propósito econômico, de suprir as necessidades de sobrevivência das pessoas. Com o tempo, a percepção de que a maior parte do tempo passamos trabalhando, a necessidade de encontrar um sentido maior no trabalho que promova autorrealização e felicidade, passou a ser questionada e ganhou relevância nos acordos corporativos. Dinheiro é fundamental, mas, não é tudo. Além da remuneração, os profissionais cada vez mais buscam nos acordos de trabalho aspectos associados ao chamado "salário emocional": senso de propósito, cultura positiva, benefícios de saúde mental e bem-estar, apoio para crescimento na carreira e flexibilidade na jornada de trabalho. Somado a esses aspectos, há também uma forte inclinação dos profissionais para trabalhar com empresas e lideranças conscientes, comprometidas com atividades que beneficiem às forças de trabalho e gerem impacto positivo para a comunidade e o meio ambiente.

Segundo o artigo da Harvard Business Review, *Como os líderes podem ajudar os funcionários a encontrar significado no trabalho?:* "Não importa o nível, setor ou carreira, todos precisamos encontrar um senso pessoal de significado no que fazemos. O que, realmente, precisamos para nos sentirmos engajados e satisfeitos com o nosso trabalho, é um senso interno de propósito".

Encontrar valor no que parecia não fazer sentido é extremamente motivador. Considerando as prioridades dos profissionais no contexto atual de trabalho e o forte vínculo entre propósito e desempenho, os líderes cada vez mais devem se empenhar para conjugar interesses e gerar sinergia entre os propósitos pessoais e os da empresa como meio de inspirar e engajar as equipes para que, encontrando um significado maior no trabalho, retribuam com um bom desempenho. De acordo com o artigo, os líderes podem promover esse senso interno de propósito – que é o que importa agora, na vida e na carreira de cada colaborador, por meio de uma conversa leve e honesta, fazendo algumas perguntas relacionados a cinco áreas de investigação:

A primeira área tem como objetivo ajudar a pessoa a identificar seus pontos fortes e encontrar possibilidades a partir daí:

O que você faz muito bem?

Quais atividades no trabalho exigem menos esforço?

Quais funções você assume como sua expertise e acredita que é a melhor pessoa para executá-las?

Por quais atividades é reconhecido na sua carreira?

A segunda área tem como foco ajudar a pessoa a encontrar ou redescobrir o que mais gosta de fazer no trabalho:

O que gosta de fazer na sua rotina de trabalho?

Quando chega à empresa, o que mais anseia fazer?

Quais tarefas mais o motivam e energizam?

Se pudesse escolher suas atividades no trabalho, com o que gastaria seu tempo?

A terceira área de investigação destaca o valor associado a determinadas funções que a pessoa exerce:

O que faz no trabalho que lhe parece mais útil?

Quais resultados no trabalho o deixam orgulhoso?

Quais das suas tarefas são mais críticas (maior impacto) para a equipe ou empresa?

Quais são as principais prioridades na sua vida pessoal e como seu trabalho se encaixa?

Concentrar-se nos momentos que se conectam ao propósito e aos ideais, torna o trabalho mais agradável e gratificante.

A quarta área tem como foco identificar o que a pessoa faz hoje que a ajuda a avançar em direção aos seus objetivos futuros (sensação de crescimento):

O que está aprendendo agora que será útil no futuro?

O que você imagina como sua próxima conquista?

Como o seu trabalho, hoje, aproxima você da sua próxima conquista?

A quinta área tem como objetivo encorajar a pessoa a pensar e promover relacionamentos que tornem o trabalho mais significativo:

Como você se relaciona com as pessoas no trabalho?

Quais os seus melhores parceiros de trabalho?

Como seria o local de trabalho com suas pessoas favoritas?

Como seu trabalho melhora suas relações familiares e sociais?

Dica importante:

Invista em relacionamentos positivos
As pessoas com quem trabalhamos são tão importantes quanto o que fazemos. Ajudar as pessoas a encontrarem significado no trabalho que fazem é uma estratégia valiosa para promover felicidade no trabalho e alavancar o negócio.

Dê reconhecimento
Os colaboradores são mais felizes e engajados quando sentem-se necessários e se concentram no que têm mais significado para eles.

De acordo com um levantamento da Deloitte, as pessoas se sentem leais a empresas que apoiam suas ambições de vida e carreira. Portanto, uma das funções do líder de maior grandeza é ajudar seus colaboradores a se conectarem ao seu propósito e apoiá-los no processo. Ganha a empresa, ganham eles e ganha você!

METAS

Embora o fim do modelo tradicional de avaliação de desempenho cada vez mais ganhe força nas pautas corporativas, acredito que ainda levará um tempo para que as empresas adotem essa prática como estratégia na gestão de pessoas.

Manter a equipe engajada com o propósito da empresa e desempenhando alto é o sonho de todo líder. E um recurso de grande valor para que essa seja, de fato, a sua realidade, é a definição das metas certas para as pessoas certas. As metas têm um grande impacto nas equipes de alto desempenho, principalmente, por permitir uma visão macro do negócio e dar direcionamento, tornando as ações mais claras para que os objetivos sejam alcançadas da forma certa no prazo certo. Isso além de melhorar o desempenho da equipe, oferece vários benefícios tanto para a empresa quanto para os colaboradores.

Quando a equipe sabe o que precisa entregar para atender às necessidades do negócio e às expectativas do líder como parâmetro de desempenho, tudo fica muito mais fácil.

Apesar de ser comprovado por embasamento científico que as metas são essenciais ao desenvolvimento das pessoas e do negócio, segundo dados divulgados pela Harvard University:

- 83% dos profissionais não têm metas definidas;

- 14% têm as metas só na cabeça;
- 3% apenas têm suas metas no papel.

Nesse caso, cabe dizer que a responsabilidade de definir e esclarecer as metas e discutir o plano de ação com a equipe é do líder. Lembrando que: a meta sem um plano é apenas uma intenção.

As metas funcionam como um termômetro e por meio dos indicadores, tornam o desempenho da equipe palpável. Os indicadores podem ser qualificados em 2 tipos: **"quantitativos"** e **"qualitativos".**

A compreensão dos indicadores quantitativos e qualitativos é fundamental para que todos saibam os aspectos que serão considerados na avaliação do desempenho. Contudo, quando desenvolvo o tema em treinamentos, percebo que a diferença entre os dois tipos de indicadores nem sempre está clara para alguns líderes (nem para a equipe), gerando dúvida sobre qual o meio mais efetivo de mensurar e reconhecer o trabalho dos profissionais.

Vejamos quais os aspectos mensurados por cada indicador: **os indicadores quantitativos** mensuram resultados práticos e fáceis de quantificar, pois representam as entregas tangíveis: relacionadas aos números e às quantidades que medem o desempenho (resultado) do colaborador. Já os **indicadores qualitativos** são usados quando os números não são suficientes para avaliar todo o contexto. Representam as entregas intangíveis, que abrangem outros critérios de avaliação do desempenho, como os comportamentos(conduta) do colaborador que impactam de modo positivo ou negativo os resultados. **"O que conseguimos medir é importante, mas é só uma parte."**

Compreendendo a complexidade do ser humano, considerar apenas números como critério de avaliação de desempenho, não traduz de forma honesta a capacidade do colaborador de contribuir de outras formas com o resultado. O que me faz lembrar da fala de um líder com quem trabalhei, uma forte referência na minha formação: "Algumas coisas têm preço, outras têm valor. É preciso levar isso em consideração na hora de avaliar as pessoas".

Preço e valor são conceitos completamente distintos, embora alguns líderes equivocados os considerem sinônimo. Como mensurar o valor de alguém colaborativo, empático, bem-humorado, feliz e prestativo numa equipe? Ou alguém pontual, focado, perspicaz, carismático, atento e solícito no dia a dia do negócio? Competências interpessoais são o "novo ouro" nas dinâmicas de trabalho e é papel do líder reconhecê-las como estratégicas e enfatizar a sua importância para a cultura e os valores da empresa.

Portanto, se qualificam como "indicador qualitativo" e contam a favor do colaborador na avaliação do seu desempenho. Se você, como líder, quiser ser justo ao avaliar o desempenho das pessoas, precisará ampliar suas considerações sobre o significado de "alto desempenho".

REGRAS

Por que a definição das regras na gestão de equipes é tão importante? Porque o bote não vai para frente se cada um remar à sua própria maneira.

Quem já passou comigo em treinamento ou mentoria, certamente, sabe que a minha frase preferida é "o combinado não sai caro e o acordado não dói." Estabelecer regras, além de estratégico é honesto. As pessoas precisam saber o que conta contra ou a favor nas dinâmicas de trabalho.

Por falar em "combinado", em tempos de relações transversais e comunicação horizontal, acordar as regras com a equipe, em vez de simplesmente impô-las é bastante civilizado. Às pessoas concordam mais facilmente com as regras que elas ajudam a criar. As regras são criadas para que haja um equilíbrio entre os interesses pessoais e aquilo que é bom para o grupo. São essenciais ao convívio, pois deixam claros os direitos e deveres e oferece senso de limite entre o que eu **"posso"** e o que **"devo"**.

Quanto mais clareza as pessoas têm das regras, melhor o entendimento sobre o que é esperado delas e das consequências quando essas regras não são observadas. Na falta de regras, cada um estabelece as suas, e maior a necessidade de intervenção do líder nas rotinas da equipe. As regras também ajudam o colaborador a desenvolver maturidade e agir com responsabilidade. Tão importante quanto jogar é conhecer as regras do jogo e saber por onde anda. Cada colaborador, fazendo a sua parte, fica bem mais fácil trabalhar em equipe e chutar para o gol.

Pergunto: pensando nos problemas de gestão na sua equipe, hoje, o que pode ser creditado à falta de clareza das regras do que cabe ou não nas relações de trabalho?

DELEGAÇÃO

"Busque uma sintonia entre o seu tempo e as suas prioridades e dedique-se de modo integral ao que importa de verdade: às pessoas."

Como vimos, o papel do líder vem passando por profundas transformações. De acordo com as projeções, mais da metade das funções operacionais do líder vão ser automatizadas. Isso quer dizer que as lideranças serão convocadas a assumir uma posição cada vez mais estratégica. A **escassez de tempo** e a **gestão de**

prioridades são apontadas, hoje, como dois grandes obstáculos da liderança estratégica. Embora seja admirável o líder se sentir motivado pelo que faz e ter uma atitude "mão na massa", querer fazer tudo sozinho não só é inviável, mas também contraproducente, pois compromete o crescimento do negócio e das pessoas. Com a complexidade das mudanças e o volume crescente de demandas, os líderes precisam aprender a otimizar seu tempo, priorizando as funções estratégicas e capacitando a equipe para executar as tarefas que não agregam ao seu papel principal. Ao passo que as lideranças são desafiadas a gerir melhor seu tempo e suas prioridades, a **delegação** surge como solução ideal necessária.

"Alguns dados contabilizam que se o líder delegar apenas 20 min. por dia de tarefas pode economizar 100 minutos por semana, recuperando até 40% do seu tempo." Deloitte

Vendo tantos líderes com dificuldade de delegar, sempre que abordo o tema, penso: do que adianta ao líder dispor de uma equipe que não pode ajudá-lo. Como dito na abordagem integral, a principal responsabilidade do líder na gestão de uma equipe é desenvolver as pessoas para que elas despertem seu potencial e desempenhem à altura de quem são. E o caminho mais rápido e seguro para transformar essa responsabilidade em boa prática é por meio da **delegação.** Contudo, o artigo *To Be a Great Leader, You Have to Learn How to Delegate Well* da Harvard Business *Review,* na tradução em português, "Para ser um grande líder, você precisa aprender a delegar bem", "Uma das transições mais difíceis que os líderes podem fazer é migrar do fazer para o "delegar". Isso torna a sua rotina evidentemente dolorosa".

Por que para grande parte dos líderes é tão difícil delegar? Quarenta e oito por cento dos líderes têm grande dificuldade de delegar devido a alguns pontos críticos:

- Apego a certas atividades;
- Excesso de controle;
- Receio de ser responsabilizado se algo der errado;
- Crença de que faz melhor e mais rápido.

O êxito na liderança cada vez mais se associa à capacidade de delegação. A resistência do líder em delegar compromete não apenas o resultado do negócio, mas a maturidade de trabalho e emocional da equipe. As pessoas aprendem mais fazendo do que ouvindo ou observando. Aprender fazendo *("learn by doing")*, é botar a mão na massa como oportunidade de aprendizado e desenvolvimento.

É uma obrigação do líder desenvolver as pessoas e motivá-las a executarem as atividades operacionais e liberar espaço na sua agenda para focar em soluções estratégicas.

Delegação de tarefas: 3 passos práticos

1. Identifique as tarefas
2. Comunique as expectativas
3. Delegue, não "delarge"

1. Identifique quais tarefas podem ser delegadas e quem da equipe tem capacidade para executá-las?

Defina quais as tarefas e as pessoas da equipe aptas a executa-las tão bem ou melhor do que você e libere tempo na sua agenda para se concentrar em atividades estratégicas. Como diz Jim Collins, autor de "Empresas Feitas Para Vencer", especialista em gestão de negócios e crescimento de empresas: "O maior ativo que uma empresa pode ter é poder contar com as pessoas certas no lugar certo e com a motivação certa". Faça isso! E, por atividades estratégicas entenda as tarefas relacionadas às mudanças e tomadas de decisões que afetam o posicionamento do negócio. Isso inclui a revisão de conceitos e práticas ultrapassados da liderança tradicional. Entenda por estratégicas as atividades relacionadas às mudanças e tomada de decisões que afetam o posicionamento do negócio. Isso inclui a revisão de conceitos e práticas ultrapassados da liderança tradicional.

2. Comunique claramente as expectativas

A comunicação é um fator crítico da delegação. Ao delegar as tarefas, dê instruções claras e precisas sobre o trabalho e reforce as expectativas sobre o escopo, prazo e os resultados esperados. Certifique-se de que o colaborador tenha compreendido a importância da tarefa e os termos combinados.

3. Delegue, não "delargue"

Para que o resultado saia conforme o esperado, sobretudo nas primeiras vezes que o colaborador executar a tarefa, acompanhe o processo. Marque reuniões curtas para ver se o trabalho está evoluindo dentro do esperado e dar *feedback* de correção ou reconhecimento. Mas, sem microgerenciar ou pressionar a pessoa. Outro ponto importante: se você certificou-se de que o colaborador está apto a executar a tarefa, evite tomá-la de volta. Isso pode abalar a sua confiança e desmotivá-lo.

A delegação é uma ferramenta valiosa na Gestão de Equipes de Alto Desempenho. E o papel do líder na delegação das tarefas pode ser comparado ao papel de um maestro na condução de uma orquestra, em que, assim como numa equipe, todos têm as suas aptidões, porém o maestro, diligente, os guia à distância.

FEEDBACK

"Se quisermos nos manter conectados, faz mais sentido pensarmos no feedback com o espírito de exploração e não de controle, o diálogo prevalece ao monólogo e a curiosidade à certeza." Tony Schwartz

O *feedback*, assim como a delegação, é uma valiosa ferramenta de gestão de desempenho. Tendo como princípio básico a transparência, a comunicação aberta e o diálogo honesto, o *feedback* permite ao líder conhecer, desenvolver, desafiar e reconhecer as pessoas para ajudá-las no seu crescimento profissional.

Dar *feedback* pode ser desafiador. Sobretudo, quando alguma situação compromete a integração do time ou a qualidade das entregas, o líder deve saber como transformar conversas difíceis em oportunidade de aprendizado. Embora ainda seja um desafio para muitos líderes, o *feedback* é o principal recurso para otimizar processos, alinhar expectativas, desenvolver a maturidade do time, garantir a qualidade das relações de trabalho, e, claro, gerar resultado. Sem falar que é o melhor caminho para gerar proximidade com as pessoas e fortalecer a conexão com elas.

Somente por meio de uma cultura de *feedback*, o líder consegue ajudar as pessoas a perceberem a oportunidade de melhorar seu desempenho.

Um fator de grande relevância que deve ser destacado na Gestão de Equipes de Alto Desempenho é a cultura de *feedback*. Em tese, a prática é simples, mas a experiência mostra que são poucos os líderes, realmente, preparados e comprometidos com a prática. Richard L. Williams no seu livro *Preciso Saber Se Estou Indo Bem: Uma história sobre a importância de dar e receber feedback*, classifica o *feedback* como um dos principais desafios na gestão de equipes, pois a maioria dos líderes ainda precisa entender como as pessoas reagem para aprimorar a sua capacidade de dar *feedback*. E ser capaz de fazer uma leitura das pessoas não é uma capacidade nata, mas uma habilidade que deve ser desenvolvida. Diz ele.

O descaso de alguns líderes com o *feedback*, motivados por alguns fatores, são a principal causa de **desmotivação** e **falta de engajamento:**

- Despreparo
- Postura paternalista
- Falta de tempo
- Terceirização ao RH

As pessoas querem e merecem saber se estão indo bem, se estão colaborando e agregando valor com o seu trabalho, entretanto, de acordo com dados levantados pelo Instituto Gallup, 50% dos profissionais não têm clareza do que é esperado deles no trabalho. Quanto mais *feedbacks* são trocados entre pessoas, melhores são os resultados individuais e da equipe e, consequentemente, melhores são os resultados do negócio.

Acertou? Dê *feedback*.
Errou? Dê *feedback*.
Na dúvida? Dê *feedback*.

Na delegação de tarefas é importantíssimo dar *feedback*. Isso significa que o líder deve se dispor a:

1. Dar *feedback* **de reconhecimento** se a tarefa foi executada com sucesso;

2. Dar *feedback* **corretivo** se algo não saiu como planejado;

3. Dar *feedback* **orientativo** caso surja alguma dúvida ou ponto crítico (seu ou do colaborador) relacionado à execução da tarefa;

4. Dar *feedback* **geral** sobre o que poderia ser melhor, o que está dentro do esperado e o que superou as expectativas.

A cultura de *feedback*, além de melhorar o desempenho geral do grupo, promove nas pessoas a sensação de que estão aprendendo e se desenvolvendo continuamente. Por fim, no *feedback*, considere sempre a influência das emoções ao se comunicar com as pessoas. Corrija e fale o que precisa ser dito, mas sempre com gentileza e empatia. Lembre-se da frase do Carl Jung: "Conheça todas as teorias, domine todas as técnicas, mas ao tocar uma alma humana, seja apenas outra alma humana". Essa consciência eleva o líder a um outro patamar de gestão.

Na Gestão de Equipes de Alto Desempenho, o líder deve estar sempre atento a alguns **aspectos comportamentais**, que exercem grande influência na sua relação com as pessoas, e têm impacto direto no engajamento e no desempenho delas:

Gere Confiança

Liderança sem confiança é quase uma piada. A confiança é base de qualquer relação, portanto, deve ser a primeira conquista do líder com a equipe.

Dê voz às pessoas
Permita que elas tenham espaço para expressar suas opiniões e ideias sem medo de retaliação.

Escute com presença
Ouça também as entrelinhas. Muitas vezes o que não é dito é justamente o que precisa ser compreendido.

Estabeleça limites
Definir os limites é respeitoso, ajuda a esclarecer as responsabilidades e desenvolver a maturidade da equipe.

Um ponto importante, delegar não significa que o líder deva repassar aos outros o trabalho que ele "não gosta" de executar, mas, sim, dar oportunidade aos colaboradores de desenvolverem suas capacidades e senso crítico, como também ao líder a oportunidade de "tocar o piano" em vez de carregá-lo.

A delegação promove tanto o crescimento pessoal como o organizacional, portanto se mostra como um dos mais efetivos indicadores da gestão eficaz. Prosperam as pessoas, o líder e o negócio.

FELICIDADE: O FUTURO DO TRABALHO PERTENCE AOS FELIZES

CAPÍTULO IX

"Deixe a beleza do que você ama ser o que você faz." Rumi.

Sempre que vejo pessoas tão infelizes com o que fazem me questiono, por que felicidade e trabalho precisam estar separados?

A pandemia deflagrou uma realidade completamente nova nas empresas e abriu novas perspectivas para ajudar as pessoas a refletirem sobre como viver vidas mais felizes e gratificantes onde passam quase um terço das suas vidas: no trabalho. Isso vai ao encontro do que Annie Dillard compartilha no seu livro *The Writing Life*: "A maneira como passamos nossos dias é, obviamente, como passamos nossas vidas". As pessoas não só precisam trabalhar felizes, como precisam também trabalhar para ser felizes.

Os profissionais, com outras ambições e necessidades, não querem mais ser tratados apenas como um recurso e priorizam cada vez mais o equilíbrio entre vida pessoal e trabalho.

♥

Trabalhar feliz importa, e as empresas cada vez mais têm se empenhado em proporcionar felicidade aos seus profissionais.

Reconhecendo que a felicidade dos colaboradores desempenha um papel importante nos negócios, cresce o número de empresas que adotam a função de *Chief Happiness Officer* (CHO), profissional treinado para elaborar estratégias e ações que criar um ambiente de trabalho positivo que melhore o bem-estar e eleve a felicidade dos colaboradores. Considerando a declaração da Organização Mundial da Saúde (OMS) que situa o Brasil como país mais ansioso, o quinto no ranking mundial da depressão e o segundo em burnout, de acordo com uma pesquisa da International Stress Management Association, a função do CHO é mais do que necessária para reverter a situação.

A felicidade no trabalho se dá quando o colaborador é influenciado positivamente tanto pelo que faz no trabalho quanto pela qualidade do ambiente de trabalho.

Contrariando a crença de algumas pessoas, a felicidade no trabalho não significa a ausência de infelicidade, mas que na busca pelo equilíbrio entre os sentimentos felizes e infelizes a balança pende a favor do positivo. Encontrar meios de ser feliz no trabalho, torna o trabalho melhor. A professora de psicologia e especialista em felicidade, Dra. Sonja Lyubomirsky, diz que pessoas mais felizes experimentam sentimentos positivos e isso se traduz em menos esgotamento e mais criatividade e produtividade. Um estudo sobre felicidade no local de trabalho desenvolvido pela Even e conduzido pela Forrester Consulting (2021) mostrou que quase 50% das pessoas acreditam que as expectativas em torno da felicidade no trabalho aumentaram nos últimos cinco anos. Isso em parte justifica o número crescente de cientistas e especialistas que veem a felicidade no trabalho como uma das fontes mais importantes de resultados positivos.

"Desenvolvimento devia ser entendido como um processo que busca maximizar a felicidade em vez do crescimento econômico, reconhecendo que o indivíduo tem necessidades, materiais, espirituais e emocionais." A Vision for Peace, Prosperity and Happiness - Bhutan 2020

O **Relatório Mundial da Felicidade 2023** traz informações valiosas sobre bem-estar e felicidade no trabalho. Como as pessoas passam grande parte da vida trabalhando, é inevitável que o trabalho desempenhe um papel fundamental na formação da felicidade e bem-estar. O relatório apresenta outros aspectos levantados como indicativos de uma rotina de trabalho mais feliz, como por exemplo: equilíbrio entre as agendas pessoal e profissional, flexibilidade, saúde, colaboração, autonomia, segurança e remuneração.

Os benefícios da felicidade no trabalho são cientificamente comprovados:

Melhora do clima organizacional
(Harvard Business Review)

Aumento da produtividade em até 31%
(Harvard Business Review)

Aumento da Retenção em até 44%
(Gallup)

Aumento da Inovação em até 300%
(Harvard Business Review)

Aumento de 85% do nível de eficiência profissional
(Harvard Business Review)

Diminuição de Afastamento por doença em até 66%
(Forbes)

Diminuição de Turnover em até 51%
(Gallup)

Redução de Burnout em até 125%
(Greenberg & Arawka)

Redução de 50% no número de acidentes laborais
(Gallup)

Saúde e felicidade estão diretamente relacionadas

De acordo com dados divulgados pelo Relatório Mundial de Saúde Mental da OMS (Organização Mundial da Saúde), cerca de 12 bilhões de dias de trabalho são perdidos anualmente devido à depressão e ansiedade. Afastamentos que custam à economia global quase um trilhão de dólares.

Apenas no Brasil, enquanto estes sintomas eram fator de preocupação para apenas 18% dos profissionais, conforme informações do Global Health Service Monitor, em 2022, essa quantia cresceu para 49%, levando à segunda pandemia enfrentada pela sociedade, como denominado Comissão Nacional de Enfermagem em Saúde Mental (Cofen).

"Seja por fatores como alta demanda, escassez de tempo, excesso de cobranças por resultados, ou questões pessoais, a insatisfação gerada em qualquer uma dessas áreas é, inevitavelmente, transferida para a outra, desencadeando problemas preocupantes em todas as áreas da vida do profissional. Esse efeito, quando não tratado e prevenido, é severo, levando cada vez mais pessoas a se demitirem por estarem esgotadas e expostas a outras consequências graves".

Como os líderes podem ajudar os colaboradores a se sentirem mais felizes?

Sinceramente, não há como ser feliz no trabalho tendo um líder ruim. Quando o colaborador de alguma forma se sente excluído ou assediado ele tem uma probabilidade muito maior de experienciar a dor social, resultante da ativação de certos componentes nos sistemas de dor física em resposta à rejeição ou à perda interpessoal. Relações tóxicas causam dor, especialmente as de poder e comando. Pessoas que se sentem excluídas ou não reconhecidas no trabalho sentem fortes impulsos neurais que se assemelham a uma pancada na cabeça.

As empresas que pretendem implementar os conceitos de ambiente seguro e bem-estar, precisam sensibilizar seus líderes e capacitá-los em habilidades socioemocionais, começando pela empatia se não quiserem que seus planos vão por água abaixo.

Sendo a felicidade um sentimento subjetivo, defini-la é um tanto quanto complexo, pois vai depender da percepção individual de cada um. Como dito anteriormente, liderança é pesca de anzol. Para ajudar as pessoas a serem felizes, o líder precisa conhecer o que cada uma delas entende por felicidade. O que faz uma pessoa feliz, pode não fazer outra. Enquanto alguns se sentem felizes falando, outros são mais felizes escutando. Portanto, cada membro da equipe tem a sua medida de felicidade. Uma vez que as ambições são diferentes, para saber o que torna uma pessoa feliz no trabalho, é preciso primeiramente, esclarecer a sua medida de felicidade. Dá trabalho olhar para cada pessoa individualmente? Sim. Mas é mais trabalhoso e oneroso ter pessoas ansiosas, deprimidas e desmotivadas, buscando oportunidade em outras empresas.

Segundo o artigo da Forbes: "Desmistificando a Felicidade no Trabalho", a felicidade no trabalho pode ser influenciada por dois fatores:

I. ECOSSISTEMA ORGANIZACIONAL

Um objetivo que está além do alcance individual se torna viável quando operado em grupo. O ecossistema organizacional é um recurso usado para criar uma rede de apoio e fortalecer as conexões com base em confiança, integração e colaboração entre as partes, com o intuito de equilibrar o bem-estar das pessoas e a saúde do negócio, proporcionando felicidade não apenas aos profissionais, mas também aos clientes, parceiros e comunidade.

Qual a contribuição do líder?

Para otimizar a felicidade das pessoas, o líder, além de conhecer a definição delas de "felicidade no trabalho", deve criar as condições necessárias para promover ambientes colaborativos e inclusivos, onde a **autonomia pessoal, a segurança psicológica e a saúde física, mental e emocional** da equipe sejam protegidas.

O compromisso conjunto das empresas e lideranças gera um amplo impacto positivo para as pessoas e o negócio.

II. MENTALIDADE DOS FUNCIONÁRIOS

O **segundo aspecto,** considera a importância da **mentalidade** do indivíduo. A ciência da felicidade ou neurofelicidade, compreende que, racionalmente somos capazes de produzir experiências que levem à felicidade. Difícil sentir felicidade sem enxergar a vida por uma lente positiva.

Uma **pesquisa** da **Sonia Lyubomirsky**, professora do Departamento de Psicologia da Universidade da Califórnia e autora do livro *The How of Happiness: A Scientific Approach to Getting the Life You Want*. (O caminho da felicidade: uma abordagem científica para conseguir a vida que você deseja), mostra que a felicidade se origina de três fontes: **genética, fatores externos e atividades intencionais:**

- 50% da felicidade é geneticamente predeterminada;
- 40% é resultado de atitudes;
- 10% apenas é baseado nas circunstâncias da vida.

A felicidade depende muito de como as pessoas controlam suas emoções e reagem às situações. Isso significa que, mesmo que o colaborador esteja em um ambiente fantástico, se tiver uma mentalidade fixa e reagir mal às situações, a menos que mude a sua atitude com uma mentalidade positiva, provavelmente se sentirá infeliz no trabalho. Ou seja, ser feliz não se restringe a ter sucesso ou dinheiro, mas, sobretudo, à escolha e ao compromisso individual de cada um em enxergar a realidade de forma positiva e viver a sua definição de felicidade.

Por que tantos profissionais estão descontentes com o trabalho?

Vivemos as consequências das escolhas que fazemos ou deixamos de fazer. Muitos profissionais, hoje, vivem a angústia de exercer funções tão diferentes das que, de fato, gostariam. Sem perspectiva, tomados pela ansiedade, intolerância, desilusão e angústia, muitos deles padecem de uma infelicidade crônica responsável pelo afastamento e até mesmo desligamento do trabalho por problemas de saúde mental.

Não é exagero dizer que uma parcela considerável da força de trabalho, adoece por falta de um significado no trabalho que traga felicidade. O fato é que muitos querem ser felizes. Mas poucos buscam, por si, meios de criar felicidade.

Independentemente da profissão ou do cargo, quando a vontade de dormir é maior do que a de acordar, ou a falta de sono aponta um estado de alerta de quem tenta, mas não consegue achar uma saída, é hora de parar, rever o caminho e repensar a direção.

♥

Não se force a caber em lugares que não têm a sua medida. O que não lhe cabe, provavelmente, não é mais seu.

Nesses momentos, é preciso ter coragem para sair da posição de observador, assumir a de protagonista e se perguntar: **este trabalho se conecta a minha medida de felicidade?**

Por significar para muitos sobrevivência e realização, o trabalho configura a base de definição da vida e oferece a possibilidade de integrar pessoas e conectar propósitos para fazer do trabalho não só um meio de vida, mas também um novo sentido de existência.

A felicidade se expressa quando a profissão harmoniza com a vocação. Quando o "ser", na sua natureza integral, exerce como trabalho o que considera a sua definição de sucesso.

Quando questionado sobre o que uma pessoa normal deveria ser capaz de fazer bem, Freud teria dito: *Lieben um arbeiten* (Amar e trabalhar). Em sua crença, a conjunção vida e trabalho, família e amigos é o que permite um funcionamento psicológico sadio, desempenhando um papel fundamental no senso de identidade e autoestima, capaz de vincular o indivíduo ao sentimento de felicidade.

Conhecer a si mesmo é o primeiro passo para ser feliz. E permanecer feliz é um processo contínuo de alinhamento das metas de longo prazo aos objetivos atuais. Quando ambos estão alinhados, o profissional se aproxima do sentido de trabalho com propósito.

Partindo da premissa de que a felicidade é relativa à percepção individual, as pessoas devem, prioritariamente, saber quem são para descobrirem o que, de fato, querem viver por escolha. É preciso pôr em prática a clássica equação do "quem eu sou" e "o que quero" para então chegar à definição do "o que me faz feliz". Exemplos não faltam de profissionais que deixaram o trabalho porque não correspondia ao seu sentido de felicidade para tentar a vida fazendo o que gostavam: Um CEO de uma empresa de logística que entrega o cargo, compra um avião-anfíbio e viaja ao redor do mundo explorando lugares; uma diretora da área de finanças que investe o bônus de reconhecimento numa carreira de chef; um executivo do setor químico que troca o salário CLT para ser instrutor da nova geração de golfistas.

Quando desconectados da nossa medida de felicidade, o incômodo aparece e a dúvida atormenta nos forçando a compreensão de que algo precisa ser modificado. Essa inquietude que faz com que um número significativo de pessoas tome a atitude radical de abraçar uma nova vida pode ser explicada pela necessidade de alinhamento entre "quem somos" e "o que fazemos". Em algum momento, o profissional começa a perceber que conquistou um bom salário, construiu uma bela carreira, mas não alcançou a autorrealização. Mesmo que a felicidade seja algo pessoal e intransferível, idealizada de forma única por cada um de nós, nossa escolha profissional nos aproxima da sensação de autorrealização.

Você sabe o que é Produto Interno Bruto ou PIB, como é popularmente chamado. Alguma vez você já ouviu falar em FIB? A Felicidade Interna Bruta, ou FIB, é um indicador criado em 1972 pelo, então, rei do Butão, um pequeno país do Himalaia. Jigme Singye Wangchuck criou o termo em resposta às críticas à economia do seu país, que parecia crescer sobre a miséria do povo. A ideia do rei era assumir perante o mundo o compromisso de construir uma economia adaptada à cultura de seu país, baseada nos valores espirituais budistas. Há 40 anos, com a ajuda do PNUD – Programa das Nações Unidas para o Desenvolvimento, o Butão vem colocando o conceito do FIB em prática, atraindo a atenção do resto do mundo com sua fórmula para medir o progresso da nação. Enquanto os modelos tradicionais têm como objetivo primordial o crescimento econômico, o modelo proposto com o FIB adota como princípio a integração do desenvolvimento material com o psicológico, o cultural e o espiritual – sempre em harmonia com a Terra, assim se complementando e reforçando mutuamente.

O índice FIB leva em conta indicadores que cobrem nove campos da vida familiar e social:

(1) Bem estar psicológico e espiritual, que avalia o grau de satisfação e de otimismo que cada indivíduo tem em relação a sua própria vida,

(2) Saúde, que leva em conta a autogestão da saúde individual,

(3) Uso do tempo, um dos mais significativos fatores na qualidade de vida, especialmente o tempo para lazer e socialização,

(4) Vitalidade comunitária, examina o nível de confiança, a sensação de pertencimento, a vitalidade dos relacionamentos afetivos,

(5) Educação, leva em conta vários fatores como participação em educação formal e informal, competências,

(6) Cultura, avalia as tradições locais, festivais, oportunidades de desenvolver capacidades artísticas,

(7) Meio ambiente, se baseia na noção de que o que fazemos contra a Natureza, fazemos contra nós mesmos,

(8) Boa Governança, tem a ver com gestão de pessoas e do negócio de instituições, do campo dos recursos,

(9) Padrão de vida, tem a ver com todas as necessidades materiais.

Como o líder pode contribuir para a felicidade das pessoas? A felicidade do líder também é um modelo a ser seguido. Difícil proporcionar aos outros aquilo que não temos como reproduzir. Antes de mais nada, é preciso que o líder sinta-se realmente satisfeito e confortável na posição de gestor de pessoas, para que esteja apto a promover o que o FIB chama de boa governança — indicador diretamente influenciado pelas percepções e ações da liderança.

♥

Como tudo é ressonância, um líder feliz contagia positivamente a equipe e o ambiente. Se o referencial é positivo, as pessoas assimilam esta positividade e a reproduzem.

Isso também vale para o caso de referências negativas. Um líder infeliz imputa a sua equipe o mesmo destino. Um ambiente saudável e produtivo reflete a satisfação e o bem-estar do líder. Em retribuição, os colaboradores, normalmente, respondem com disposição e bom desempenho. E como vimos, profissionais felizes são, claramente, mais engajados e produtivos.

O líder pode ajudar seus colaboradores a acreditar que eles são mais do que suas experiências o fizeram acreditar que eram.

Ser feliz tem a ver com fazer escolhas conscientes e buscar o sentido de existir. Pois o que todos, invariavelmente, queremos é viver a nossa justa medida de felicidade.

Pense grande e voe alto. Ser feliz é um direito seu. Reconecte-se ao desejo que o preenchia, na medida de quem você era pelo tanto que queria. E saiba que nem todo mundo vai entender a sua caminhada, e tudo bem. Você está aqui para buscar um caminho que o faça sentir-se feliz, não para fazer os outros entenderem. Se é seu o caminho, vá em frente. Como disse **Victor Frankl** neuropsiquiatra austríaco e fundador da terceira escola vienense de psicoterapia "Quem tem um porque encontra o como". Encontre o seu!

LIMITE: DAR
MUITO ESGOTA,
RECEBER MUITO,
SOBRECARREGA

CAPÍTULO X

"Os líderes conseguem o comportamento que demonstram e toleram." Ram Charan

Muito cuidado com o que você tolera, pois está ensinando às pessoas como elas devem tratar você. As pessoas só fazem conosco o que permitimos que elas façam, e tudo o que permitimos, segue acontecendo. Toda relação, seja de trabalho ou pessoal, exige autoestima e autorresponsabilidade. Se alguém destrata você, você de algum modo permite que isso aconteça. E se você mesmo não se der o respeito, haverá sempre alguém que se achará no direito de desrespeitá-lo. Portanto, o líder, conhecendo a si mesmo e hábil na autoliderança, deve estabelecer os limites como base de acordo com a equipe. Neste capítulo, trocaremos sobre a importância do limite e os valiosos benefícios de mantê-lo absolutamente claros nas relações de trabalho.

"O limite está na essência do ser." Trías

Ao buscar a definição de limite na **filosofia,** Aristóteles estabelece que o limite fixa o término de uma coisa, mas também o começo de outra; o limite é, portanto, ponto de finitude, mas também de partida.

Na *Filosofia do Limite,* Eugênio Trías, filósofo espanhol, diz que o limite está na essência do ser e propõe compreender o que somos através da ideia de limite. Isso talvez justifique a nossa reação, frente aos conflitos no dia a dia de trabalho, quando mesmo que intuitivamente, recorremos aos nossos valores e limites como parâmetro da melhor decisão. Eu associo limite à proteção e respeito. Os limites são fronteiras que nos ajudam a estabelecer equilíbrio e harmonia, protegendo nossos espaços **físicos e emocionais**, e esclarecendo às pessoas como elas devem nos tratar e como elas esperam ser tratadas.

Osho dizia que o seu relacionamento com os outros é apenas um espelho de como você se relaciona consigo mesmo. Se você mesmo não se der o respeito, haverá sempre alguém que se achará no direito de desrespeitá-lo. Pela perspectiva da **psicologia**, os limites podem ser compreendidos como a possibilidade de enxergar a si mesmo, separado dos outros, e compreender os próprios conteúdos internos.

A palavra "limite", pode nos confundir, passando a ideia de algo que nos mantém separados. Entretanto, os limites nos aproximam mais do que separam, pois nos fornecem margens seguras para que possamos gerar conexão e navegar melhor pelas nossas relações. Nossos limites podem ser compreendidos como barreiras, defesas que nos permitem preservar o nosso tempo e a nossa energia. A falta de autoconhecimento e a dificuldade de defender nossos espaços é o que muitas vezes causa frustração e ressentimento, afetando a nossa autoestima e o nosso senso de identidade. E isso interfere na qualidade dos nossas relações interpessoais.

Michelle Elman diz em seu livro *The Joy of Being Selfish* (A alegria de ser egoísta), que os limites são como ensinamos as pessoas a nos tratar. Eles representam o que é e o que não é aceitável. Eles são a linha entre quem somos e quem o mundo quer que sejamos. Você pode até achar que tem limites bem definidos, mas, quando se aprofunda no tema, percebe que limites exigem um posicionamento autêntico, uma comunicação clara e a constante adequação ao contexto. "Quando você tem limites, tem não só mais tempo e energia para cuidar de si mesmo, mas também um senso de identidade mais forte. Isso cria espaço no seu cérebro e, em última análise, torna a sua vida mais leve e saudável. É para isso que servem os limites", complementa a autora.

Dr. Henry Cloud psicólogo e estudioso de espiritualidade, autor de mais de 20 livros, incluindo "Boundaries for Leaders" (Limites Para Líderes) chama atenção para um ponto importante sobre a falta de estabelecimento de limites: "Quando os limites não estão bem definidos, isso afeta a capacidade do cérebro de desempenhar "funções executivas". "Ou seja, o cérebro precisa ser capaz de (a) focar em algo específico, (b) não sair do foco ao ser capturado por outras demandas". Como líder, a sua capacidade estratégica é reduzida se você é interrompido o tempo todo para participar de decisões triviais.

Não há dúvida de que as pessoas precisam da sua ajuda, mas, assim como você, elas também se beneficiarão quando aproveitarem melhor seus limites físico, mental e emocional e aprenderem a trabalhar com foco e atenção plena.

Isso significa que você não deve estar disponível o tempo todo, nem exigir isso da sua equipe. Respeitar os limites da sua equipe é essencial. Se você deseja ensinar aos seus colaboradores o valor dos limites, honre e respeite os limites deles. Eles seguirão o seu exemplo.

Pensando na sua dinâmica de trabalho atual com a equipe, quais limites você pode estabelecer para conseguir ser mais estratégico e ajudar a equipe a ser também?

- Identifique as situações que precisam de limites;
- Defina os limites;

- Pense na melhor forma de comunicá-los com clareza à equipe. Esclareça o porquê e mostre os benefícios;

- Acompanhe e dê *feedback* sempre que oportuno até que os limites tenham sido assimilados por todos.

❤

Na liderança, não se posicionar é um posicionamento ostensivo.

De acordo com Dr. Henry Cloud, "os limites no trabalho consistem de dois aspectos essenciais, o que o líder cria e o que permite, pois são eles que definem as agendas e determinam as regras. São suas criações e permissões que determinam o que deve ou não acontecer". Isso me remete a uma habilidade crítica da liderança, que alguns líderes, levam um bom tempo para desenvolver: a autorresponsabilidade.

Escuta de mentoria:

Estava conduzindo o módulo sobre negociação e conflito numa Escola de Líderes para lideranças do agronegócio, quando um dos líderes perguntou:

"Quando os limites estabelecidos não são respeitados, o problema é do líder ou da equipe? Ele falava sobre "pessoas problemáticas" na equipe, que não entediam os limites e dificultavam as coisas.

Fiz três perguntas: Para quem essas pessoas reportam? Elas ultrapassam os limites sob a supervisão de quem? Quem permite que elas se comportem dessa maneira?

Como questiona Dr. Henry no seu livro, "se o colaborador está confuso, quem define a agenda e faz as regras?" Na linguagem da Apple, quem é o "DRI: Indivíduo Diretamente Responsável"? Território é um princípio central dos limites.

♥

Os líderes definem e permitem os limites que orientam o comportamento das equipes e estabelece os padrões de desempenho no seu território.

É deles o direcionamento, portanto, são eles os responsáveis por garantir que aconteçam. No capítulo VIII, *Gestão de Equipes de Alto Desempenho*, vimos que uma gestão eficaz considera a capacidade do líder de esclarecer as regras, agora, somamos também os limites que servem de fronteiras nas relações de trabalho. Líderes medianos definem os limites. Os bons líderes os definem e garantem que eles sejam observados.

Definir limites é uma habilidade essencial do conjunto de competências do líder. Embora seja importante ser acessível e apoiar a equipe, um líder deve estabelecer limites claros. São eles que ajudam a manter a objetividade necessária para tomar decisões justas e imparciais e evitar conflitos de interesse e mal-entendidos nas relações de trabalho.

Ser exemplo na liderança, passa por saber esclarecer os limites nas relações. Limite é via de mão dupla. Os líderes também precisam servir de exemplo ao estabelecer e seguir os limites estabelecidos. Comunicar os seus aos colaboradores, mas também reconhecer os deles para evitar comportamentos invasivos que os desrespeitem.

A definição de limites é um fator estratégico, pois oferece vários benefícios à gestão de pessoas e do negócio, tais como:

Maior satisfação individual e melhor convivência em grupo: O respeito aos limites, ajuda as pessoas a se sentirem bem com elas mesmas e isso contribui para que convivam melhor umas com as outras e sejam mais colaborativas no trabalho.

Aumento da produtividade: Contribui para que tanto o líder como a equipe, evitando distrações, concentrem-se em suas próprias tarefas. Sejam mais autônomos, produtivos e apresentem melhor desempenho, alavancando o resultado do negócio;

Diminuição do estresse no trabalho: Definir limites ajuda a diminuir o estresse, reduzindo o risco de esgotamento e o afastamento das pessoas por doenças do trabalho. Isso ajuda a promover um ambiente mais saudável e harmonioso.

Nas mentorias sempre peço aos líderes para identificarem o que cabe como negociável e inegociável nas suas relações de trabalho, para que os limites estejam absolutamente claros para todos. Afinal, "o combinado não sai caro", certo? Se o líder não estabelece limites, as pessoas não têm como saber até onde elas podem ir. E se não os reforça, sempre que necessário, não dá a elas a oportunidade de mudar o comportamento. Vejo que alguns líderes se perdem nesse ponto, criticam e até punem o colaborador sem ter cumprido a sua responsabilidade de comunicar claramente ou reforçar os limites.

Pensando sobre os "princípios da integralidade", essa não é uma forma "honesta" de liderar pessoas. Aqueles que optam por esse tipo de gestão, geram desconfiança e insegurança na equipe, provocando indignação e o sentimento de injustiça nas pessoas. Invertendo as posições: você gostaria de ser tratado assim? Então por que agir desse modo com a equipe? Distanciados do propósito da abordagem integral, alguns líderes, mesmo sem perceber, seguem somando às estatísticas dos que praticam a versão tóxica da liderança.

Cuidado. Mentalidades fixas produzem limites inflexíveis.

Tudo em excesso é prejudicial. Como mencionado no capítulo VI *Mentalidade de Crescimento*, quem muito se limita não muda e quem não muda não evolui. Mentes fixas e limites inflexíveis podem causar problemas nas relações de trabalho. Vivemos tempos de impermanência e não linearidade, sendo assim, flexibilidade e adaptabilidade são habilidades de grande valor no trabalho. Isso significa que limites não são permanentes e devem ser entendidos como flexíveis e adequáveis ao contexto. Todos temos competência para repensar nossos limites, alavancar o nosso potencial e transformar a nossa realidade a partir dessa consciência. É aconselhável que o líder, sempre que oportuno, reavalie e redefina os seus limites e incentive sua equipe a fazer o mesmo.

Grande parte do nosso tempo passamos trabalhando, por isso é essencial estabelecer limites justos e saudáveis. Quando o líder não define bem os limites nas relações de trabalho, fica refém de um ciclo vicioso, e a equipe segue a mesma sina. As pessoas se excedem, criam expectativas desleais e algumas sacrificam suas próprias necessidades. Definir limites é um processo, e em alguns casos, leva tempo para aprender como fazê-lo da maneira certa.

Agora que você sabe da importância dos limites, algumas iniciativas podem ajudá-lo a exercê-los nas suas relações de trabalho:

1. Independentemente do cargo ou posição, se alguém no trabalho desrespeita os seus limites, não se omita, fale. Escolha o melhor momento e a forma mais adequada e fale como o comportamento dessa pessoa faz você se sentir;

2. Antes de falar, visualize claramente os seus limites. Ter uma imagem clara dos próprios limites e do que é "inegociável" para você, ajuda a ser consistente na hora de comunicá-los a outra pessoa;

3. Reconheça as suas emoções. É importante reconhecer a influência das emoções na hora de reforçar algum limite. Em

alguns casos, você resolve um conflito ou impasse profissional, ajustando uma questão pessoal sua.

4. Use sempre "eu" e não "você" ao comunicar seus limites. Por exemplo, "Não me sinto confortável com isso". Em vez de "você me deixa desconfortável." Não se sentir criticada, ajuda a pessoa a empatizar com seus sentimentos e rever seu comportamento.

5. Quando alguém lhe pede para fazer algo, dependendo da sua disponibilidade, não há problema em "negociar" um prazo maior ou dizer que você não se sente confortável agindo de determinada forma. Negociação é uma habilidade cada vez mais essencial à boa liderança.

6. Aprenda a dizer não: isso pode não ser tão fácil, mas é essencial para estabelecer limites saudáveis. Quanto mais você se sentir confortável em dizer "não", mais fácil será dizê-lo. Por exemplo: "Não tenho disponibilidade para fazer isso agora" ou "Não me sinto confortável em agir dessa maneira". Tudo depende da sua habilidade em adequar sua comunicação à compreensão da pessoa.

7. Por mais que não se justifique alguém exceder os limites, falar do comportamento dos outros é sempre algo delicado. Pratique antes de chamar a pessoa para conversar. Reflita sobre essas orientações e identifique qual a melhor forma de se fazer entender e gerar conexão? Isso ajudará você a se sentir mais confortável e confiante ao comunicar suas necessidades.

Ser um "bom líder" não significa, necessariamente, ser "bonzinho". Ao contrário do que se pressupõe, dar limite é um ato de amor. Um dos pontos cruciais na definição de limites, seja no âmbito pessoal ou profissional é ser consciente do seu valor.

Se você mesmo não enxergar o seu autovalor e valor no que faz, terá problemas para se posicionar e ser reconhecido pela equipe como líder. Líderes que se julgam menos do que realmente são, muitas vezes, desnecessariamente, trabalham mais que qualquer outro para conseguir provar a si mesmo e aos outros que têm valor. E quanto mais fazem, mais distantes parecem estar do suficiente. Muitos excedem tanto os próprios limites que chegam ao esgotamento.

♥

No contexto da integralidade, todos somos singulares, e mesmo algumas vezes duvidando disso, temos muito valor.

Nossas experiências, talentos, habilidades, conhecimento, crenças, energia, insights e perspectivas tem um valor único que só nós, com essa combinação específica, podemos oferecer. Não somos melhores que ninguém, mas na nossa singularidade: com valores, motivações e percepções distintas, sim, somos únicos. Não há outro igual. Todos temos competência para repensar nossos limites, alavancar o nosso potencial e transformar a nossa realidade a partir dessa consciência.

Aos moldes da escritora Anna Taylor: "Ame-se o suficiente para estabelecer limites. Seu tempo e energia são preciosos e é você que deve decidir como usá-los. Você ensina as pessoas como tratá-lo, decidindo o que você quer, não quer, vai e não vai aceitar". É essa a medida.

"Ame a si mesmo o suficiente para estabelecer limite".

Reiterando, uma vez que você estabelecer os seus limites, algumas pessoas podem se sentir desconfortáveis, e está tudo bem, pois não é sua a responsabilidade de fazer o que as agrada. Geralmente, as pessoas que se incomodam por você definir seus limites, são aquelas que, de algum modo, esperavam se beneficiar por você não tê-los definidos. Limites expressam autorrespeito. Ao honrá-los você reconhece o seu valor e a sua capacidade de contribuição. Isso mostra às pessoas que elas perdem acesso a você quando se excedem e o motiva a agir quando seus limites são ameaçados, permitindo que você decida em paz, quais brigas passa em branco e quais escolhe lutar.

CONCLUSÃO

O futuro é *tech*, mas sobretudo *touch*. Chegou a hora de decidir: em quais situações você seguirá usando vírgula e em quais colocará um ponto final?

A inspiração para concluir o livro há dez anos é a mesma para concluir a nova edição agora, dez anos depois. Nas relações de trabalho a priorização do "SER" segue como forte tendência e os "grandes líderes", sim, derivam de boas pessoas. A liderança segue como recurso estratégico no sucesso das organizações, representada pelo compromisso do líder com a gestão consciente por meio da intensificação das boas práticas ambientais, sociais e de governança (ESG) e dos objetivos de desenvolvimento sustentável (ODS), gerando impacto real.

♥

Quem é de profundidade não mergulha no raso.

A **Liderança Integral** enxerga a diversidade de contextos como potência para o desenvolvimento humano e joga luz sobre questões que, ainda à sombra da liderança tradicional, sustentadas por uma camisa-de-força conceitual, atrasam a evolução da gestão de pessoas e dos negócios. E convoca você, líder ou pretendente ao cargo, a desapegar de práticas inadequadas e pouco inspiradoras, sair do raso e **mergulhar fundo no propósito da integralidade.** Navegar pelas três dimensões da Abordagem Integral qualificam você a fazer com maestria a transição da liderança tradicional para a Liderança Integral. Atravessar essa ponte permitirá a você expandir sua consciência, enriquecer seu repertório, fortalecer a sua abordagem e fazer a diferença no pedaço de mundo em que escolheu atuar.

Agora o "fecha aspas": Porque O bom Ser Humano precede o bom líder.

Pessoas compram pessoas. Antes de comprarem a estratégia elas compram o líder. Na cadeira de liderança, o indivíduo precede o título. Aqueles que quiserem se tornar um líder integral, devem estar determinados a ser uma pessoa melhor e "cuidar" dos seus para que eles retribuam cuidando do resultado. Sempre que as pessoas se sentem valorizadas, elas fazem mais do que é esperado delas. Isso inclui desenvolver, desafiar reconhecer e dar limites, mas sem jamais desconsiderar o "Humano" por trás do crachá. Um líder integral, por experiência, entende que ser bem-sucedido na gestão depende muito mais do "saber de pessoas" do que de qualquer outra coisa. E sobre isso, quantos, sendo simples, são sábios, enquanto outros tão bem-informados, são simplórios.

Nenhum diferencial de estudo ou chancela fará de alguém um bom líder sem que ele tenha a grandeza pessoal de um. Antes do profissional se constituir líder, ele se apresenta como pessoa, e como ele é como "pessoa" justifica a forma como tratará seus colaboradores ao usar o chapéu de líder. Portanto: "Contrate pela grandeza humana e treine as competências." O entendimento da importância de exercer a gestão consciente dá a você clareza da importância de gerar conexão genuína com pessoas de personalidades, habilidades e comportamentos distintos e liderá-las em conformidade, consciente de que o que importa para elas é essencial ao negócio.

É por esse naipe de líderes, humanos e implicados em arrumar a grande bagunça provocada por esses tempos distópicos, que como diz Frederic Laloux no seu livro *Reinventando as Organizações: Um Guia para Criar Organizações Inspiradas no Próximo Estágio da Consciência Humana:* "mesmo sem ter clareza do que queriam, as pessoas esperavam faz tempo".

"... Existe uma verdadeira desaprendizagem envolvida para se chegar à simplicidade. A jornada é principalmente a de desaprender maneiras complicadas de fazer o que pode ser muito mais simples. Nenhuma das práticas de integralidade requer um diploma de mestre. Estes são tempos extraordinários para estar vivo. Muitas vezes confusos, mas cheios de possibilidades. Cabe a nós inventar um novo caminho. Há um velho ditado que diz: 'Somos as pessoas por quem esperávamos', conclui o autor. Fácil? Não. Mas também não é impossível para aqueles que, conscientemente despertos e convictos de que suas ações geram reações compatíveis, agregam valor às dinâmicas de trabalho.

♥

Uma vez líder,
eterno aprendiz.

Cabe a você, que não por acaso, está se aprofundando na abordagem integral, desaprender, reaprender a aprender e forçar a curva, para ajudar na criação de negócios inspirados no próximo estágio da consciência humana. Trilhar o caminho da integralidade, compartilhando o novo mapa e os recursos, ciente de que a sementeira e a colheita têm tempos diferentes, e que cada um rende o aprendizado conforme o seu nível de consciência.

A revolução da liderança depende do impacto que o líder é capaz de causar na cultura do negócio e na vida das pessoas.

O êxito do líder como revolucionário nessa grande transformação, depende:

- da sua capacidade de enxergar o colaborador como Ser humano inteiro, não fragmentado, e ver nisso a sua maior potência e valor;

- do seu entendimento sobre as necessidades e expectativas das pessoas e do contexto em que estão inseridas para liderá-las em conformidade; e

- da sua competência para tornar o local de trabalho um espaço seguro onde elas possam ser quem são em essência, certo de que, para que elas despertem o seu potencial e desempenhem à altura de quem são, o líder deve respeitar nelas a sua natureza integral.

Esse é o caminho para integrar sabedoria e conhecimento, transformar comportamentos e preservar os valores e princípios básicos que humanizam a gestão.